做高效执行的员工

范 宸○著

中华工商联合出版社

图书在版编目（CIP）数据

做高效执行的员工：典藏版 / 范宸著. -- 北京：
中华工商联合出版社，2016.1

ISBN 978 - 7 - 5158 - 1623 - 4

Ⅰ. ①做… Ⅱ. ①范… Ⅲ. ①企业管理 - 职工培训
Ⅳ. ①F272.92

中国版本图书馆 CIP 数据核字（2016）第 048604 号

做高效执行的员工：典藏版

作　　者：范　宸
责任编辑：吕　莺　张淑娟
封面设计：周　源
责任审读：李　征
责任印制：迈致红
出版发行：中华工商联合出版社有限责任公司
印　　刷：三河市宏盛印务有限公司
版　　次：2016 年 6 月第 1 版
印　　次：2016 年 6 月第 1 次印刷
开　　本：710mm × 1020mm　1/16
字　　数：192 千字
印　　张：13.75
书　　号：ISBN 978 - 7 - 5158 - 1623 - 4
定　　价：35.00 元

服务热线：010 - 58301130
销售热线：010 - 58302813
地址邮编：北京市西城区西环广场 A 座
　　　　　19 - 20 层，100044
http：//www.chgslcbs.cn
E-mail：cicap1202@sina.com（营销中心）
E-mail：gslzbs@sina.com（总编室）

工商联版图书
版权所有　侵权必究

凡本社图书出现印装质量问
题，请与印务部联系。
联系电话：010 - 58302915

序　言

一家有执行力的企业是有竞争力的企业，一家崇尚高效执行的企业是真正有竞争优势的企业。

在这个竞争异常激烈的时代，自己如果不奋发向上，就会被他人超越，甚至被企业淘汰，这就是"残酷"的职场"进化论"。那么，如何在职场中寻求自己的生存之道？在这一点上，高效执行就显得尤为重要，它是所有职场人的必修课！

作为一名职场人，只有不断地追求优秀与卓越，才能在职场中逐步发展自己、提升自己、超越自己，从而让自己变得卓尔不群。高效执行没有借口是人在职场竞争中脱颖而出的制胜"法宝"。

"高效的执行者，往往是团队中最闪耀的一员。"那么，怎样才能成为一名光彩夺目的高效执行者？高效执行者具有什么样的特质和素养？同在一个公司工作，有同样的学历与相仿的年龄，为什么有的人业绩更佳、收入更高、晋升更快、更能够获得老板的青睐？这是许多员工都应深思的问题。

高效执行者惊人地一致：他们不找借口，他们从不抱怨；他们把团队或企业当作自己的家，以一种主人翁的态度对待工作，高效执行领导的指示，兢兢业业；他们善于管理时间，工作高效率；他们不做"孤独英雄"，善于和同事合作，乐于和大家分享荣誉和奖励；他们拥有良好的职业形象和得体的职业礼仪……高效执行者深知，只有高效地执行，没有借口地执行，才能高效完成工作，才能在团队中传递正能量，才能让自己"升值"。

人是构建企业"大厦"的最核心因素，员工是企业最大的财富。员工的素质直接决定了企业的兴衰成败。高效执行者是推动企业发展的生力军，即使在企业遭遇困难时，他们也总能力挽狂澜，他们是企业的"灵魂"，是企业永续经营的"常青树"。

本书结合大量生动、贴切的案例，系统讲解了成为高效执行者的实用方法，告诉您怎样才能高效地工作，怎样才能打破工作中的困局，怎样才能在团队中找到自己的位置，怎样才能通过团队促进自己的成长等等，希望能给千千万万在职场中打拼的人以启示。

本书作为职场人士实用型必修自训手册，既适合职场新人，也适合在职场打拼多年但常遇职业发展"瓶颈"的老员工，希望能为有志于创立一番事业的人指明道路。翻开此书，领悟此书，运用此书，你将成为职场中最闪耀的高效执行者！

目　录

第二篇

执行过程要高效

第三篇

团队凝聚正能量

第一篇

高效执行没有借口

责任心是敬业的动力

有人曾说："倘若一个人一生都在修理草坪，那么他的草坪一定会生机勃勃，漂亮无比。"

张瑞敏也曾说过：把简单的事情做好了就是不简单，把容易的事情做好了就是不容易。这句话实际上是在提醒现今很多好高骛远、毛毛躁躁的人要认真做事。很多时候，细节决定成败，细节决定人生。在工作中，许多事情都是由简单开始，于是很多人习惯了"简单做事"的方式，不愿动脑筋，更不愿创新，"钟摆式"地工作，他们"啃硬骨头"的能力极差，一遇到困难就抱怨连天，想要逃避，甚至放弃。

艾玛是个快递员，整天收件送件，这应该是一件简单的事情，似乎人人都可以干。但艾玛的老板认为：艾玛做这份工作很敬业，他从来没有接到过客户投诉，却收到了不少表扬信。

每一天，艾玛都送件收件，天天如此。他从不觉得这份工作无聊，每天都充满热情，他说："这是我的工作，我一点也不觉得它枯燥。"

艾玛说：他的工作看似简单，其实却很有挑战，他能做到不丢一个件，不管收件送件的笔迹多么潦草，他都能按时把件送到客户手中。艾玛不是得过且过地工作，而是力争将快递工作做得更好，而这是很不容易做到的。

在生活中，许多工作都像快递员的工作一样，没有多少"含金量"，看起来十分简单枯燥。但简单枯燥的工作，往往最能判断一个人是否具有宝贵的责任心和职业精神。许多人耐不住寂寞，认为选择挑战新奇的事物，人生才会有意义。实际上，无论何种工作，要做好都是不容易的，比如能否坚持，比如能否让他人都满意，而不是仅仅用来养家糊口。

每份工作都是具有挑战的。人如果不努力创新，就会陷入日复一日机械的重复之中，很容易失去对工作的热情，从而引发惰性。上述案例中的艾玛之所以能够打动老板，是因为他把工作做到了让老板无可挑剔的地步。他无论遇到什么情况，都能把快件安全地送到收件人手中。他重视每一个送寄细节，把服务工作放在首位，把"做到最好"放在首位，将"敬业"真正融入自己的意志之中并贯彻到工作的各个环节。

张兵在一家电子公司打工，他从事的工作是焊接电磁头。这样的工作对于一个年轻人而言不算什么，只要熟练就可以。但是张兵十分用心，他不仅坚持按照焊接步骤一步一步来，而且在焊接时，他很用心，试图找出减少出废品概率的方法。

经过五年的刻苦钻研，张兵夺得公司焊接电磁头比赛的第一名，每一个环节都被他掌握得十分完美。因为他的"严格"，他的工作效率提高了，产品合格率也大大提升，他焊接出来的电磁头美观而又无瑕疵。

有一年，外商招标，张兵所在的公司将张兵焊接的电磁头样品拿去竞标，最终中标，公司接到了一个大订单，公司领导十分高兴，提拔张兵做了技术部主任。

张兵的成功在于：虽然工作很简单，但他将其细致化、完美化，将努力、用心做到了极致。这不是说说就能做到的，而是严格自律、刻苦钻研、勇于挑战自我的结果。张兵克服工作枯燥带来的阻力，不仅努力做到了敬业，而且创造出工作中的"奇迹"。

再苦再累也要坚持

在工作中，吃点苦受点累是必然的。只有付出劳动才能得到回报，这是职场最基本的规则。

俗话说：吃得苦中苦，方为人上人。工作要想做到高效执行，必须要付出更多的汗水。

吃苦耐劳是获得成功的主要方式之一，想轻松惬意就能成就事业近乎痴人说梦。孟子曰："天将降大任于斯人也，必先苦其心志，劳其筋骨，饿其体肤，空乏其身，行拂乱其所为，所以动心忍性，曾益其所不能。"一个人只有通过刻苦努力将能力提升到一定的高度时，成功才会近在眼前。历史证明，每一位成功人士的奋斗史几乎都是吃苦受累历尽磨难的。

某公司为了提高竞争力，要求业务人员多跑市场，扩大市场份额以尽快占领市场。副总经理亲自下了动员令，但由于没提跑市场"提成"的事，很多业务员纷纷打起自己的小算盘，不太积极，有几个"老油条"干脆付之一笑："这么点工资，还不够打电话的，如今经济形势不好，跑什么跑？"

初来乍到的年轻业务员小张没有考虑"提成"，而是制定了一系列的"跑市场计划"。他打算给几个同学打电话，准备跑跑外地市场。

一些业务员笑他："市场早就饱和了，出去也没用！"

"没'提成'，自己搭钱太傻了！"

……

但小张想：业务员不跑市场，怎么创造效益？有无"提成"并不重要，自己刚来，需要人脉积累，业务同样须积累，自己是业务员，"跑市场"就是自己的工作。他一干就是三个月。这三个月虽然很辛苦，但他确实得到了许多有价值的信息，也发展了不少潜在的客户。许多客户都认为小张为人真诚，更可贵的是他具有吃苦耐劳的精神。有个客户更是给他下了大单。当小张把这三个月的劳动成果写成总结上报给领导时，领导对他赞赏有加。

在年底的表彰大会上，小张凭借自己吃苦耐劳的工作态度和突出的工作业绩，被评为先进工作标兵。与此同时，他还被提拔为业务部的副主管。

其实，小张的成功是必然的，作为一名市场业务员，想获得业绩，就须"吃苦受累"，而且应真诚而努力地工作，高效而敬业的执行力才是成功的法宝。换句话说：小张的成功靠的就是他吃苦受累、甘于奉献的敬业精神。

任何企业，都需要踏踏实实的员工，某知名企业家说过："吃苦受累的人永远不会吃亏！"

如今，许多企业考察员工的主要标准是——是否敬业，而敬业的标准则是能否吃苦耐劳。尤其是对处于初创阶段的企业来说，吃苦耐劳的员工是最受欢迎的。

王永庆小时候家里很穷。16 岁那年，他借了 200 元钱开了家小米店，他的米店开门早、关门晚，比其他米店每天要多营业 4 个小时以上，而且还会送米到家。有时顾客半夜里敲门，他也总会热情地把米送到顾客家中。王永庆还把米里的砂粒挑出来，送米至顾客家中后，还帮顾客清洁米缸等，做这些虽然花费了王永庆很多时间和精力，但他的米店的营业额大大超过了同行店家，生意越来越兴旺。后来王永庆也正是凭着这种吃苦耐劳的精神创建了台塑集团，成为鼎鼎有名的"塑胶大王"。

经营事业与经营自己的人生是一样的，吃苦耐劳是通向成功的第一步。现今许多年轻人属于"蜜罐一代"，吃不了苦，受不了累，频繁"跳槽"，眼高手低，自以为是，不服管理，同时又希望自己得到的比付出的还要多，这是一种错误的心态。任何企业、任何领导都不会选择不能吃苦、不想受累的人来自己的企业。因为，一个吃不得苦、受不得累的人，不可能有百分之百的责任心，更不可能干好工作。

所以，在竞争激烈的现代企业，吃苦耐劳是一个员工有竞争力的前提条件。

担当精神很重要

任何企业都喜欢有担当精神的人。担当是什么？担当是除了做好自己分内之事，同时也敢承担别人不敢承担的事，包容一切并对其负责。具有担当精神的人敢于承担责任，具有战略眼光，有"舍我其谁"的霸气与魄力。

有些人认为，做好自己分内的工作就行了，只要自己工作不出错，按期完成就行了，担当精神是领导的事。这是不对的。现如今，企业中能认真做好自己分内之事的人比比皆是，但是有担当精神的人很少，能干的人未必是企业的第一选择。由于市场竞争激烈，企业中的每个岗位都需要"勇士"和"英雄"，这样才能创造出辉煌的业绩。

徐世刚在一家公司负责钢材销售业务。由于市场上钢材紧缺，许多公司也开始销售钢材，一时钢材价格混乱，有些公司以劣充好，还有些高价销售。徐世刚所在的公司也想这么做，但徐世刚对领导说，绝不能干以次充好的事，更不能提价。起初，领导不理解，但徐世刚不仅三番五次请求，而且向领导立下了"军令状"。一段时间后，许多客户发现从其他公司买到的钢材以次充好，价格虚高，而徐世刚销售的钢材则按质标价，并没有借机涨价，更没有唯利是图。于是很多客户纷纷从徐世刚所在的公司购买钢材。

徐世刚的担当精神和敢于负责的态度深深打动了公司领导。经过董事会研究，他被提拔为副总经理。

在工作中，有些人总是自作聪明，要么遇到问题推卸责任，要么为了利益不择手段，"担当"成了口头上的"说说而已"；还有些人认为自己不是企业领导，管好自己的"一亩三分地"就可以了，担当不担当的与自己无关，而且一旦"担当"了，自己的"麻烦"也许就来了，所以"休管他人瓦上霜"成为自己的座右铭。其实，一个人敢于负责任，就是对自己人性弱点的挑战。一个敢于挑战自我的人一定是一个信心百倍、内心充满阳光的人。担当精神是培养负责态度的沃土，更是事业成功的前提。

做自己的事，不与人攀比

好面子、爱嫉妒、讲虚荣，这三点都是攀比的具体表现。一个人的攀比心越重，其心态就会越失衡，从而使自己经常处于一种烦恼、焦躁的状态，久而久之，就陷入斤斤计较、无利不起早、讲好条件才做事的"泥沼"之中。

每个人都有人性中的劣根性，而攀比心是劣根性中最难以克服的，也是一种最不健康的心态。科学定义攀比心理，即：个体发现自身与参照个体发生偏差时产生负面情绪的心理过程。具体如下：

（1）"面子"问题。

在生活中，许多人都"爱面子"。"爱面子"并不是一件坏事，如果处理得好，"爱面子"还可以产生前进的动力。于是，保护"面子"成了很重要的事。但许多人认为"丢面子"是难堪的事，是"大事"，他们喜欢与人攀比，一旦比不过，就认为自己的"面子"

受到了损害。其实，这是错误的，如果无法正确对待"面子"问题，不仅自己会身心受损，而且会严重影响自己的人生态度，使"面子"成为自己人生发展的阻力。

小唐与同学小孙一起到一家服装设计公司工作。起初他们无论是在工作上，还是在生活中都保持着相当密切的关系。但自从小孙当上主管，成为小唐的上司后，小唐的内心开始发生变化。"我真的不如小孙吗？上学的时候，我的成绩要远远好过他，而且这份工作还是我介绍给他的！"小唐觉得，自己丢了"面子"，而且觉得周围同事似乎都对自己"指指点点"，于是，他的心理失衡了。他认为自己应该换份工作，因为他受不了"寄人篱下、看人脸色"的感觉。此后，小唐换了很多次工作，每次他只要觉得"丢面子"就"跳槽"，到了35岁时仍无大的成就。

小唐是被"面子"害了。小唐刻意为自己增加对比目标，不但没有解决问题，反而进入了心理误区，最终只能自食其果。

（2）嫉妒心理。

莎士比亚曾说："要留心嫉妒啊，那是一个绿眼妖怪！"嫉妒心是攀比的一种表现，具体指的是：人们为竞争一定的权益，对相应的幸运者或潜在的幸运者怀有一种冷漠、贬低、排斥，甚至敌视的心理。

嫉妒是发现自己在才能、名誉、地位或境遇等方面不如别人而产生的一种由羞愧、愤怒、怨恨等组成的复杂的情绪状态。嫉妒不但不会帮助人辨识美丑、正误，同时还会让人分不清方向，越来越偏离"正轨"。

有三个人竞争一家公司销售经理的位置：甲出口成章，有很好的人脉；乙动手能力强；丙不爱说话，沉默寡言。

甲乙两人竞争激烈，并且都表现出咄咄逼人的气势。而主考官似乎更欣赏乙，乙成了销售经理的热门人选。当甲四处打听，以为自己即将被淘汰时，为扭转不利局面，就用非正当手段搜集了对乙不利的证据，向主考官举报，主考官听了甲的话，上报领导。

最终，原先那个看上去并不起眼的丙当上了销售经理。

这说明了什么呢？这说明嫉妒不利于团结，也不利于自我的发展。有些人出于嫉妒，总有"我上不去，你也不能上；我干不成，你也不能干"的心理。这些人在很多企业中都存在，是影响企业发展壮大的"毒瘤"。

（3）仇富心理。

仇富心理，在今天已演化成一种极为不良的心态。

这种心理状态，是一种"见不得人好"的心理，更是人心态失衡的主要原因。

婷婷初入职场当了出纳，薪水不高，仅能维持日常所需。她看到同龄人中有的比她衣着漂亮，有的比她出手阔绰，于是产生了"仇富心理"，陷入攀比的恶性循环中。为了能穿名牌、用最新数码产品，向众人展示其"富有"的一面，她大肆透支信用卡，后来因还不上透支金额铤而走险，挪用了公款，最终被公司开除。

同时进入公司的小王懂得"富人也是从穷人过来的，穷并不可耻，只要努力即可成功"的道理，不做无谓的攀比，通过自己脚踏实地的工作最终赢得了领导的信任，进入了管理层。

人如果心态失衡，不但会因仇富心理心生自卑，同时也会因"仇富"而付出很多不必要的代价。

成功人士这样总结成功之道：积极的心态＋高度的自制力＋有一点智慧＝成功。可以说积极的心态是成功最为关键的因素。攀比、"爱面子"、嫉妒、仇富都不是成功的正确心态。人只有努力、勤奋，专注于自己的工作，用双手去创造财富，才能离成功的梦想更近。

做就要做第一，拿就要拿先进

美国著名学者皮鲁克斯·林顿有一句名言："做人是做事的开始，做事是做人的结果。"

拿破仑说："不想当元帅的士兵不是好士兵。"具体到工作中，成功者都具备的特点是：保持上进心，做就要做第一，拿就要拿先进。

"做就要做第一"，说说容易，做起来却是非常难的。

某公司销售冠军王宁出生在普通的家庭，但是她从小就立志要做出一番不平凡的事业。于是，她凡事都争当第一。从小学、中学、大学，直到工作，她事事追求"第一"，并努力越过重重障碍达到自己的要求。

王宁每天都把工作当作一种新的挑战，要求自己每天都要进步，不断追求新目标。她积极扩展人脉，积累资源，加班加点，最终，在进入公司 5 年后，成为公司的销售冠军。她说："要做就做最好的，要学就向第一名学。"

要做就要做第一，具体有如下几点要求：

（1）保持一颗上进心。

成功者都是上进心很强的人，只有始终保持一颗上进心，才能立足于激烈的竞争中。没有上进心的人，是很难取得成功的，因为他们不敢挑战自我，遇到困难就后退、放弃，而成功者却往往有挑战困难的勇气，不断超越自己。

始终保持一颗上进心，与"做就要做第一"的信念是一致的。很多人碌碌无为，不敢冒险，安于现状，没有"更上一层楼"的决心和顽强的进取精神；还有些人以为保持上进心是"冒险"，于是站到一边，冷眼观看奋进者"出事"或"失败"。

其实，上进心不分年龄、性别，工作中有上进心，就有了努力、勤奋的动力，就有了把事做好、做大、做强的基础。

（2）执行讲效率。

执行效率的高低决定着一个人的前途。所有企业都喜欢高效的执行者。人要争第一，工作要做好，高效必不可缺。对于执行高效，除了需要娴熟的技能、清晰的头脑外，平和的心态也很重要。

1）娴熟的技能

专业的技术能力、娴熟的方式方法，是做好工作的首要条件。一个人要对自己的工作达到"熟到不能再熟"的地步，这样干起工作来才不会总是"想想""问问"。因此，娴熟的技能很重要。

2）清晰的头脑

清晰的头脑决定着一个人是否能够高效率地做事。"高效"就是用最少的时间把事情做对做好，减少修改的概率。

清晰的头脑要求人充分利用自己的优势、长处，找出更新更好的方法。比如：做事时，一定要想到公司的需求及老板的期望值，据此不断提高工作效率，减少失误，探索新的方法，以达到事半功倍的效果。

3）平和的心态

一个人光靠热情蛮干是不可取的，只有具备平和的心态，做事时不带有任何"情绪"，才能把事情做好，也才能保持相对较高的工作效率。

（3）有能力，还须有胆量。

一个人有专业技能，但如果缺乏胆量，有时事情也做不好。

但凡每个成功者都有过人的胆量。古人言："才、学、胆、识，胆为先。"成功者之所以能脱颖而出，成为佼佼者，正是因为他们有不折不挠、敢于失败、拿得起放得下的冒险精神和超人的胆量。

做就要做第一，拿就要拿先进，这种心态是每个人都应该有的。世界上没有天生的成功者，只有为成功做好准备并且敢于冒险的人才会取得成功。

老实做人，踏实做事

美国成功学之父奥里森·马登曾说："无论从事何种职业，你都不但要在自己的职业上做出成绩来，还要在做事过程中树立高尚的品格。无论你是一名律师、一名医生、一名商人、一名职员、一名农夫，还是一名议员、一名政治家，都不要忘记：你是在做一个'人'，是在做一个具有正直品格的人。这样，你的职业生涯和生活才会有更大的意义。"

一个人要想实现自我价值，做一个真正的成功者，必须有高尚的人格，坚持做人做事相统一。不管环境如何变化，"老实做人、踏实做事"都应该成为每个人在工作中始终坚持的行为准则。

老实做人，就是为人处世要坚持原则，不随波逐流，不刻意逢迎；严于律己，宽以待人；表里如一，言行一致；诚实守信，重承诺，不欺瞒；有错就改，绝不找借口。

　　踏实做事，就是要脚踏实地，远离浮躁，摒弃夸夸其谈、弄虚作假的工作作风；有端正的工作态度和坚定的执行力；有强烈的责任感和事业心，对工作不敷衍，尽职尽责；不好高骛远，不轻视"小事"，一步一个脚印，扎实前行。

　　年轻的员工经常犯这样的毛病：缺乏准确的工作定位，不屑于做基础工作，不愿意从底层做起，总想着要做"更大的事"，但往往又眼高手低。一名员工要想真正能够为企业发挥作用，成为企业最需要的人才，不经过严格的锻炼是不可能的。因此，具有一定规模的企业，都有一整套人才培养方案，只要员工有能力、有上进心并乐于学习、踏实工作，在工作中体现出个人价值，就会受到企业的青睐，承担起重要的工作。

　　俗话说：饭要一口一口地吃，事要一件一件地做。争第一，做最好，绝非能一步登天，工作中要谨记不骄不躁，不要急功近利。

　　彼得和杰克同时在一家大型电子公司做基层管理员。进入公司的第一年，每次流水线上的机器出现故障，彼得总是抱怨机器老化，抱怨公司吝啬不肯购进新设备，每次他都"聪明"地以各种理由离开。杰克每次都二话不说就直奔故障机器而去，每次都以最快的速度把故障排除，使之恢复正常生产。不仅如此，杰克还时常对生产线上的机器进行维修和保养，使机器出现故障的概率下降。杰克还不断学习，向有经验的师傅请教。一年后，杰克被提拔为生产部总领班，而时常偷奸耍滑的彼得则被调到生产部门当了名基层工作人员。

彼得心有不甘，一气之下离开了这个"不识千里马"的企业。谁知，所换企业又不合其意，他又相继换了几家，依然都位居基层。几年后，彼得和杰克偶遇，彼得说起自己的烦恼，向杰克借鉴经验。已经升任生产部经理的杰克，只说了一句话："远离偷懒与小聪明，实实在在做人，踏踏实实做事，这样才能获得更多晋升的机会。"彼得听后，有所领悟。

老实做人、踏实做事，是人立足于社会的准则。如何在工作中践行这一准则，可以从以下几个方面去努力：

（1）努力做一个尽职尽责的人。

要有主人翁意识，全心全意地热爱自己的企业、自己的工作；要有积极主动的态度，不管领导有无吩咐，都能主动地、自发地、不计回报地做好应该做的事情；要有一丝不苟的精神，对工作精益求精，养成事事追求卓越的好习惯；要有锲而不舍的韧劲，无论工作多困难，都不推脱，不放弃，竭尽全力去完成。

（2）努力做一个德才兼备的人。

时刻注意加强职业道德和职业精神，关注企业发展动向，注重职业技能的培训和提高，均衡发展，努力成为一个德才兼备的人。

（3）努力做一个有目标、有追求的人。

老实做人、踏实做事，并不是只知"埋头干活"，不懂"抬头看路"。人要有目标有方向，还要有追求；要量身定制自己的职业规划，分段实现自己的职业目标；要让自己的职业发展与企业的利益保持一致，这样，方能最大程度地发挥自己的才能，为企业创造更大的价值，也为自己创造更大的发展平台。

（4）努力做一个善于学习的人。

知识的积累是每个人做好工作的必备条件之一。一个优秀的职场人不仅要有丰富的知识，还必须形成合理的知识结构，学以致用，把学习能力和工作能力有机地结合起来，充分发挥知识的创造功能，同时不断更新知识，追上时代发展的步伐。

知识不仅是从书本上学来的，要将学习的目光从书本转向现实。要让别人成为自己的镜子，看清楚应该发扬什么、避免什么、坚持什么、放弃什么；要向周围的优秀人才靠拢，多请教，多交流，汲取他们的工作经验与职场智慧，并将之应用到自己的工作中，这样才能不断进步。

热爱本职工作

人只有热爱，才能为梦想提供源源不断的动力。"热爱"不仅可以让一个看似弱小的人变得强大起来，而且可以让平凡的事情变得富有魅力。"热爱"是使事物发生奇妙变化的"魔法棒"。

人的一切成就都源于对梦想的追求与热爱。热爱是一种全身心投入的情感，没有"热爱"，也就不会有梦想、勇气、力量及持之以恒的信念。工作中没有"热爱"，就谈不上专注，更谈不上勤奋努力。

王群是一个从贫困山区走出来的穷丫头，如今却蜕变成为拥有许多头衔的职场"金领"。正是因为她热爱生活，不断实现自己人生价值上的突破，她才能取得今日的成功。如今，王群已经是一家大型投资公司的运营总监，她感慨道："如果不是酷爱投资行业，我也达不到今天的成就！"

十几年前，王群依靠他人资助考上了名牌大学。因为贫困，她想方设法勤工俭学。她通过摆地摊满足了自己上学的需求，与此同时，她对金融投资学产生了浓厚的兴趣。虽然她学的是工科，但是她常常利用业余时间选修经济学教授讲授的金融投资学。这种兴趣一直持续到她工作以后。

本科毕业后，王群如愿考上了金融专业的研究生，研究方向就是投资。她说："市场经济下，投资是一门艺术。我之所以热爱金融投资，是因为那种风险、挑战吸引了我，就像我小时候翻山越岭去采那些值钱的草药一样。"

研究生毕业后，王群进入一家上市企业从事金融风险评估工作，后来又凭借其独到的眼光和先进的金融投资理念从事金融投资。她所经手的投资，几乎都取得了巨大的收益。王群实现了自己的梦想，走上了成功的道路。

"热爱"往往会让枯燥乏味的东西变得丰富多彩；"热爱"往往会让人产生对目标与梦想的向往和追求。

（1）"热爱"是前进的动力。

"因为热爱，所以行动。"人在实现自我的道路上"行走"，"热爱"是非常重要的。"热爱"是一种情感，一种实现梦想的必备心态。"热爱"是前进的动力。拥有"热爱"，才会拥有拼搏奋发的精神。

有人说：热爱生命的人，才能得到生命的眷顾。

有人说：热爱事业，事业自会回报你。

还有人说：热爱生活，生活就会充满阳光。

所以，在前行的道路上，有一颗"热爱"的心吧，让它成为你不断拼搏的动力，支持你走向成功。

（2）"热爱"让人富有激情。

"因为热爱，所以富有激情。""热爱"会让人富有激情，并敢于挑战。

工作中如果缺乏"热爱"，就会缺乏干劲，遇难题就会容易逃避、放弃，这样是干不好工作的。

吴彤热爱摄影。为此，她几乎把所有精力都倾注在小小的照相机上。因为热爱，她进入了一家旅游杂志做摄影编辑。有一次，杂志社为了出版一本风光摄影集，决定让编辑们去各个地方拍照。许多编辑觉得出差辛苦，于是讲条件，找借口，纷纷推拒，但吴彤兴奋极了。她向领导请示后，踏上了旅程。

一个月后，吴彤与其他几个摄影编辑分别带着自己的"战利品"回到了杂志社。与其他几个摄影编辑不同的是，吴彤的作品不仅数量多、质量好，而且角度出彩，对美好事物的抓拍简直到了极致。后经领导挑选，这本摄影集选入的60%的摄影作品都是吴彤的。吴彤后来成为摄影室的负责人，而她当时不过 27 岁。

热爱自己的工作的人，会更加敬业、执着。"热爱"是一种正能量，"热爱"能让一个人的才能最大程度地发挥，"热爱"让人在平凡的岗位上做出不平凡的业绩。

每一位员工都要热爱自己的工作，因为"热爱"不仅会让你离成功和梦想更近，而且还能促使你为成功做好准备。人只有"热爱"，才会锲而不舍去努力，才会有进步，才会成就不凡！

高效，更要重细节

"千里之堤，溃于蚁穴。"这句话警示人们应重视细节，细节决定成败。

细节是指工作过程中细微、容易被忽略的方方面面。

飞机上有一颗螺丝钉没安好就可能影响整架飞机的寿命，公共场所中的一个图钉就可能扎伤行人的脚。在工作中，一个看似细微的地方往往能决定整个事情的成败。

吉姆是一名电工，通常他都会在切断电源的情况下进行电路的维修和检修，严格遵守电工的操作纪律，即把"安全"放在首位，其次才是具体操作。

有一天，一场龙卷风席卷了他管辖的一个村庄。龙卷风破坏力极强，不仅掀翻了许多房屋，村庄内的电力设施也几乎遭到了灭顶之灾，村民们不得不点起蜡烛来照明。

电力设施的负责人詹姆斯给吉姆打了个电话："麻烦你来村子看看，然后打一份报告给电力公司。"吉姆接到电话后，很快到了村子里。

当他看到龙卷风过后的惨状时，不免发出感叹。随后他仔细检查了电路，又给受损的地方拍了照片。作为一名经验丰富的电工，他认为：电力系统虽然遭受了灭顶之灾，但恢复供电不是一件难事。

吉姆给詹姆斯打了一个电话："我确信，恢复供电不是一件困难的事，以我手头上的设备完全可以修复村子里的临时电力供应。"听到吉姆自信的话，詹姆斯十分高兴。村民们更加高兴，他们希望早些通电，恢复正常生活。

吉姆先是从另外一条电线上接下一条临时电路，而后又把临时电路接在了遭到破坏的电力设备上。起初，一切运转顺利。村子里几乎一半的人都享受到了吉姆送来的"光明"。可是没想到，吉姆竟然从数英尺的地方跌落下来，不省人事。

原来，吉姆忘记检查验电，不小心触电。吉姆被送到医院进行抢救，苏醒过来后，却成了重度残疾。吉姆为自己的粗心大意而后悔不已。

许多时候，事故就是这样发生的，不是因为人的技能差，而是因为人的思想出了问题。任何人工作时都不能仅凭热情，而必须按要求、按制度去做。从一粒沙尘看世界，从一滴水珠看海洋。许多时候，往往通过一个细微的部分就能看出整个事物的端倪。

艾瑟顿是一名个体制表师，对于一名制表师而言，细节决定一块手表的质量和使用寿命。每天与表的细枝末节打交道，艾瑟顿已经养成了良好的习惯。他认为，每一个细节都拥有自己完整的使命。当这些细节的使命发出震颤时，他能感受到成功带来的喜悦。

后来，一家名牌制表厂高薪聘请艾瑟顿，但是被他拒绝了。他说："流水线代表着粗制滥造，唯有独特而细腻的手工才是一门艺术！"他把手工制作微不足道的细节看作制表的艺术组成部分，同时认为一块表是由诸多的微不足道的细节组成的。他勇于创新，热爱学习，为了跟上时代潮流，他还去了许多知名制表企业观摩、学习过。艾瑟顿成了制表业的名匠，他设计的每一块表，都是精心制作而成，他独具匠心的设计，对表的细节的专注，使他的艺术追求体现在对每一块表的细节处理上，使得每一块表都有着与众不同的个性化差异。

关注细节是一种职业精神。许多人"摔了跟头"，原因就在于他们做事忽视细节。注重细节的人，由于能认真、专注地做好事情中的方方面面，成功也就指日可待。

　　细节决定成败，决定一个人在成功的道路上能够走多远。有人说：细节是成功大道上的一个个"机关"，只有重视这些"机关"，才能稳步前行。我们只有在工作和生活中注重细节，才能集中精力尽善尽美地做好每件事情，从容地走向成功。

善始善终，好习惯

做事善始善终不仅是一种意志力，更是一种好的工作习惯。工作中，每个人都应养成善始善终的做事习惯。只有善始善终，才能肩负重任，才能成为合格高效的执行者。

做事虎头蛇尾、有始无终，到头来只能是白费一番功夫。许多人开始做事时，信心满满，甚至不惜力、不惜时，在遇到小问题时能虚心请教别人或加以克服，但遇到大的难题或受到诱惑时，却不能善始善终，或直接放弃或以种种借口将未做完的事抛在一旁。

陈东现在是一名企业高管，从初入职场到成为高管，他只用了几年的时间。

陈东能力很强，刚进公司就顺利地进入市场部从事海外市场的开发工作。那时，外贸生意很不好做。陈东的很多业务是从别人手里接下来的，当时很多业务员因不堪压力辞了职，"半路接手"的陈东只能"摸着石头过河",困难程度可想而知。

虽然工作局面难以打开,但陈东凭借自己的毅力,使业务逐渐上了轨道。但是,公司赶上了"金融风暴",进出口生意大幅度缩水,陈东谈好的许多生意也像高空中的风筝,随时都有可能"崩断"。

公司中许多业务员都在抱怨,但陈东想:只有把事情做好,才是自己应该做的工作。他认为有始无终是一种不负责任的行为,而善始善终才是衡量一个人做人做事的标准。

陈东正是凭着一股不服输的精神和善始善终的工作习惯,在经历了"大风大浪"的不利条件下,将业务正常开展起来。不久,陈东被提拔为公司高管。

善始善终是一种负责任的工作行为,是一种可贵的品德,也是为了成就自己。"好的开始是成功的一半",善始善终才能不留遗憾。

大学毕业后,小张、小李、小孙选择了同一家公司面试,而且全部留了下来。小张被分配到市场部进行市场开发,小李去了业务部,小孙去了人力资源部,实习期都是半年。由于公司刚刚成立,资金链存在一点问题,所以在薪金待遇方面的承诺并不多,只是承诺:有付出就会有高回报。

三人一心扑在工作上,不谈条件,不计较个人得失。然而过了一段时间，三个人的心态悄然发生了变化：小张觉得自己的付出与回报不成比例，天天跑市场，累死累活，有时还自己搭钱，工资又少；小李觉得工作繁杂，事务工作不仅累，还经常加班，想再坚持一段时间看看；小孙的工作虽然也很琐碎，但他认为哪儿都能让人发展，只要做好了，一样成材，与其再找一份工作，不如把现在的工作做好。

三个人虽然都顺利渡过了实习期，但不久，一个更好的机会向小张"招手"，而他也终于坚持不住，选择离开了公司；小李则抱着得过且过的态度去工作；只有小孙干得不错，人际关系处理得也好，公司交代的任务都能善始善终地完成。

又过了一年，小张已经连续换了三次工作，他总是在"实习期"的"泥潭"里挣扎；小李由于"混日子"的心态，业绩不突出，被公司"炒了鱿鱼"；小孙则成了三个人里最踏实、最成功的一个，还当上了人力资源部的副部长。

后来三个人在偶然的一次聚会中相遇，各自感慨。

小张说："换来换去，到现在还没有一份稳定的工作……我挺羡慕小孙的，因为他能坚持，我就缺少这种意志力。"

小李也十分羡慕小孙，"其实，善始善终并不难，坏就坏在自己总在为自己的'缺点'找理由。"

《左传》有言："慎始而敬终，终以不困。"做事要有始有终，不要因困难而逃避，不要因繁琐而放弃，因为成功只留给那些能够坚持到最后的人，那些能够把事情做好的人。

借口是执行的"绊脚石"

现如今，借口就像敷衍别人、开脱自己的"万能药"，就像掩饰过失、推卸责任的"挡箭牌"。很多人不是把宝贵的时间和精力放在如何解决问题、改正失误，以便更好地工作上，而是放在如何寻找一个合适的借口上，忘记了自己应该承担的责任。

在工作中，我们常常会遇到各种难题，使我们的工作陷入困境、止步不前；我们也常常会犯这样那样的失误、错误，造成工作被动的局面或产生不良的影响。当这些情况出现的时候，你会怎么做？是想方设法解决问题，还是敷衍了事？是主动承担责任，还是找借口逃避？不同的选择反映了不同的工作态度，不同的工作态度决定了不同的执行结果。

在工作中，许多人有成绩时争先恐后，出现问题后却往往习惯性地寻找各种貌似合理的借口来推脱，诸如：

都是因为其他部门不配合才把事情搞砸的;

我尽力了,但那个客户太难搞了,我也没办法;

这不关我的事,我是照领导要求做的,出现这种结果,不该由我负责;

要不是因为堵车,我不会迟到的;

本来不会出问题的,都怪××乱插一杠子;

原本我是打算这样做的,但是——

……

洛克菲勒认为,借口是一种"思想疾病",而患有这种严重"病症"的人,无一例外都是失败者。他说:"那些没有任何作为,也不曾计划要有一番作为的人,经常会有一箩筐的理由来解释自己为什么没有做到、为什么不去做。失败者为自己处理'后事'的第一个举动,往往就是为自己的失败找出各种借口。"

借口会让人消极颓废、不思进取,做事畏首畏尾,丧失工作的主动性和创造力,这种消极心态不仅会剥夺一个人成功的机会,而且长此下去,会使人的责任心、感恩心、忠诚度彻底泯灭。借口会使人不思反省,犯过的错误依然再犯,永远不会进步;借口会使员工只会推卸责任,难以获得同事的尊重和支持,也不可能获得上司的信赖和认可。

为什么寻找借口的行为仍然会普遍存在呢？

心理学家认为，人往往对于承认错误和承担责任怀有一种畏惧心理。许多人认为，承认错误，就意味着要接受一些惩罚；承担责任，就会使自己多一分风险。在现实中，一个不争的事实是：大多数人希望自己能够安稳顺达，他们并非不想承担责任，只是不希望冒险的意识总是占据"上风"，拦住他们的脚步；他们也并非喜欢说谎，只是有时候太顾及"脸面"，于是失去了诚心。实际上，在工作中，没有任何一种借口站得住脚，借口只会使错误越犯越多、工作能力越来越差，长此以往，当找借口已经成为一种习惯，找借口的人将注定一事无成，同时还会失去周围人的尊重。

那么，怎样才能摆脱想找"借口"的心态呢？

（1）拥有自信心。

任何成大事者或临危受命、敢做敢当的人，其内心一定都有强大的自信心做支撑。人要在承担责任的锻炼中，在努力工作的过程中，使自信心日益强大，促使自己不断进步。

（2）加快成熟的脚步。

任何人都是在工作中逐步成长、成熟的。初入职场，难免会由于疏忽或缺少经验而犯下错误，只要正视错误——承认失败——找寻根源——积极解决，就能提高自身的工作能力。因此，人要敢于承担责任，努力修正错误，多向有经验的人学习，常反省自身，从而在工作道路上一步步走向成熟。

（3）赢得尊敬、信任与支持。

不找借口，勇于担当，体现出的是一种负责的精神、一种诚实的态度、一种成熟的执行能力，只有具备这些素质的员工才是企业需要、尊敬、信任与支持的员工，也才能拥有更广阔的工作舞台和事业前景。

因此，一个人在工作中，要克服自身弱点，尽快与周围的人融合在一起，谦虚、低调，乐于帮助他人，不断提高自身修养，赢得别人的尊敬、信任与支持。

（4）多获取机会。

对于积极进取的人而言，他们把承担责任、努力工作看作是接受锻炼、展示自我的大好机会，他们会主动多争取这样的机会，全力施展才能，出色地完成任务，为自己的工作成绩"加分"。所以，企业对于勇于承担责任的人，也会赋予其更多的使命，使其获取更多的成功机遇。反之，对于不愿意承担责任，甚至有意逃避责任，一遇问题就找借口、找理由的人，没有企业会对其委以重任，也没有人会愿意与之合作，这样的人会因此失去许多机会，而这些机会也许会给其职业生涯带来巨大的变化。所以，一个人，工作是否有成绩，不是运气好坏的问题，而是责任感使然。

有这样一句名言：责任感与机遇成正比。请记住这句话，让它时时鞭策你前行。

忠诚不仅仅是工作态度，也是负责精神

要赢得企业的青睐，成为企业最信任、最器重的员工，除了要有过硬的专业技能外，更须具备忠诚的品格。

当今，在很多人眼中，"忠诚"常常被漠视。越来越多的人把工作回报视为对自己认可的标准。有些人因为想得到多一些的薪水而不断"跳槽"，把前一份工作作为向所谓的更好地发展的"垫脚石"；有些人因不能如愿顺利升迁而无端诋毁得到升迁的同事，破坏团队和谐，阻碍工作进程；有些人无视职业道德，为获私利而将企业机密信息透露给竞争对手，造成企业重大损失。这些都是违背忠诚原则的行为。

拿破仑说过一句话：一个不忠诚的士兵，就没有资格当士兵。同理，在工作中，不能坚守忠诚原则的员工，就没有资格成为企业需要合格而敬业的员工。

那么，如何才能成为一名合格、忠诚、敬业的员工呢？

第一，树立忠诚的态度。

（1）不要把"忠诚"简单地视为一种单方面的付出，忠诚于工作，是一个人生存和发展的重要条件。

很多人以为"忠诚"只是企业的需要、工作的需要，是企业使员工甘心为其服务的手段。其实这种认识是错误的，"忠诚"是责任心的高度体现，是本分做人、踏实做事的具体表现，"忠诚"的受益人不仅仅是企业，更是员工自己。

比如一个团队做一个项目，如果每个人都忠诚于团队，团队的向心力就强，完成任务的效率就高，创造的价值就大。作为团队成员，每个人在获得物质利益的同时，也会更加受到领导的青睐，自身的发展前途会更光明。相反，如果团队中的每个人都各行其是，缺乏忠诚心，不仅会使完成任务的效率低下，甚至由于"内讧"，可能会使项目"流产"，或因互相推诿，使得团队不稳定、不团结。

"忠诚"是每个人立足企业、立足社会的一张最有效的"名片"。忠诚度决定了一个员工在企业的地位，以及受到企业重用的机会。

所以说，"忠诚"是企业的需要，但更是员工自己的需要。

（2）最大化地自我实现与"忠诚"并不对立，而是相辅相成。

现今，在这样一个竞争激烈的年代，在鼓励个人发展的社会大环境中，谋求个人利益最大化、实现自我价值最大化是大多数人明确的目标追求。我们常常会看到这样的情况出现，即在面临抉择或者诱惑的时候，很多人往往"背叛"了企业而"忠诚"于自我的成就欲望，他们认为实现自我与忠诚于企业是相互矛盾的，是不相容的。实际上，最大化地自我实现与"忠诚"并不对立，而是相辅相成的。"忠诚"可以使员工与企业之间建立起绝对的信任关系。只有绝对忠诚的人，才能被企业所信任、所接纳，企业也才能为其提供更广阔的舞台，使之施展自身才华，证明自身价值，有更多的机会来最大化地实现自我价值。

第二，"忠诚"不仅是尽心尽力干好自己的工作，也是道德高尚的体现。

作为企业的一名员工，对自己的工作忠诚，是最基本的"忠诚"，因为，对岗位忠诚，对团队忠诚，最终都要落实到对工作忠诚上，即履行自我职责是最大的"忠诚"。每个员工不仅要全心全意地完成自己的工作，而且要更好更快地多做工作。"忠诚"是行动，具体体现在以下几个方面：

（1）有奉献精神。忠诚的员工不会在个人利益上斤斤计较，不会以报酬来衡量自己的付出。他们更看重的是为企业能做多少工作，能做出多少贡献，是否有能力提升、经验累积及发展的机会。

（2）视企业为家。忠诚的员工会发自内心地热爱自己所服务的企业，即使在无人监督的情况下，也会主动维护企业的利益，全力捍卫企业的形象，与破坏企业形象、损害企业利益的行为做斗争。

（3）绝不会滥用职权或利用职务之便为自己谋取私利。忠诚的员工绝不会假公济私，或以职务便利为自己谋私利。

（4）执行任务没有理由。"忠诚"不是表现在口头上，而是表现在工作成果上，忠诚的员工无论遇到多么困难的任务，都敢于接受挑战，并按时按质完成。

（5）失败后不找借口。忠诚的员工勇于承担责任，工作中不推诿，出现失误后也不找各种各样的理由来推卸责任，他们只会从自身找原因，找到问题所在并予以改进。

（6）与企业共命运。企业遇到困难时，忠诚的员工能积极为企业分忧，一如既往地坚守自己的工作岗位，恪守工作职责，与企业共渡难关。

履行职责，忠诚于企业，这是企业对员工最基本的要求，也是最重要的要求。履行职责给了员工最大程度地实现忠诚的机会。同时，员工个人还须全面提高自己的素质和能力，增强责任感，把企业当家，尽心尽力地做好每一项工作。

第三，愚忠不是真正的忠诚。

真正的"忠诚"不是放弃自己的个性和主见，不是绝对和领导保持一个声音，更不是卑躬屈膝，唯命是从。忠诚不是愚忠，忠诚是服从而不是盲从。

"服从"与"盲从"只有一字之差，意义却大相径庭。

"服从"是对上级下达的指令或任务欣然接受，想尽一切办法去落实；"服从"是对命令做出理智的分析和判断后，全力以赴地去贯彻执行。服从上级的命令是员工的本分，但对上级的命令也不能盲目执行，而是要以企业利益为出发点，经过考虑后，反馈自己的意见，力争正确高效地完成工作任务。

"盲从"是对上级的指示、决定，在不了解其意图、不分对错的情况下一味附和、一概听从、一律执行的行为。表面上看起来，这样做非常忠诚。但实际上，这却是最大的不忠诚，也是不负责任的表现。

当今企业认可、接纳的人才，是既有能力又忠诚的人，而不是仅仅具备能力或拥有高学历的人。因为一个对企业不忠诚的员工，不会对工作尽职尽责；一个对企业不忠诚的员工，不会把企业的发展和前途放在心上；一个对企业不忠诚的员工，其能力仅仅是"工具"，而不是学以致用的"武器"。

第四，将敬业作为工作习惯。

对于企业来说，要想在竞争中取胜，必须设法使每个员工忠诚敬业。因为不敬业的员工无法为企业提供高质量的服务，也难以生产出高质量的产品。

敬业需要"忠诚"，忠诚的员工会把自己的工作当成"天职"，忠于职守，尽职尽责，认真负责，一丝不苟，善始善终，还有一种很高的使命感和责任感。"忠诚敬业"是最基本的工作之道，也是成就个人事业的重要条件。

一个人只有将敬业变成工作的习惯时，才能从中学到更多的知识，积累更多的经验，从全身心投入工作的过程中找到快乐。这种"习惯"或许不会有立竿见影的效果，但可以肯定的是，当"不敬业"成为一种习惯时，其结果可想而知。工作上偶尔的投机取巧也许只会给你带来一点点的经济损失，但长此以往不仅会毁掉企业，也会毁掉你的一生。

不论你现在的工资多么低，不论你现在的领导多么不器重你，只要你能忠于职守，毫不吝惜地投入自己的精力和热情，渐渐地你会发现你的工作有了成就，同时你也赢得了他人的尊重。因为，以主人翁的精神和忠诚的态度去工作，工作自然而然就变成很有意义的事情。

珍妮是一家公司新来的秘书，她每天的工作是整理、撰写、打印各类文件材料。在很多人看来，珍妮的工作单调而乏味。但珍妮不这么认为，她觉得自己的工作很有意思，她说："检验工作的唯一标准是你做得好不好，是否已经尽职尽责，而不是别的。"

珍妮每天做着这些工作，久而久之，细心的她发现公司在文件管理上存在着很多问题，甚至在经营运作上也有不可忽视的漏洞。

于是，珍妮每天除了完成必做的工作外，还认真搜集资料，包括过期的材料。她把搜集到的资料整理分类，查阅了很多经营方面的书籍并进行认真分析，写出建议。

后来，她把写好的分析结果及相关资料一并交给老板。老板看过后，非常吃惊：这个年轻的新秘书，居然有这样缜密的心思，而且看问题如此一针见血，分析问题也细致入微，有理有据。老板决定采纳珍妮所提出的多条建议。此后，老板开始对珍妮另眼相看，并委以重任。

每个企业的管理者都会为拥有珍妮这样的员工而感到欣慰，珍妮的"忠诚"也为她自己赢得了机会。忠诚的员工总能在工作中学到比别人更多的经验，而这些经验往往是一个人向上发展的"垫脚石"，会为其以后事业的成功助一臂之力。

工作中做个有心人

职场有其生存规则，遵循这个规则才能走得顺利，从中受益。

俗话说：做个有心人，事事不吃亏。职场是个小社会，如果能够处理好其中的关系，那么就能在职场中取得成功。工作中做个有心人，要注意以下几点：

（1）不要"拉帮结派"。

"拉帮结派"的行为，不但不利于个人发展，而且整个"小集团"会"一损俱损"。许多企业都非常反感"搞帮派"的人。工作中，人要坚守底线，分清是非，把精力全部放在工作中，坚信"是金子总会发光的"。

（2）不要斤斤计较。

斤斤计较者多为了一些鸡毛蒜皮的小事，或者因太过于在乎个人得失而无法将精力与热情有效地投入到工作中，因此，要正确对待利益与"吃亏"，正确看待"舍"与"得"，懂得"吃亏是福"的道理，改正斤斤计较的缺点，让心胸更宽广。

（3）不要背后议论他人。

背后议论他人是一种坏习惯，也是道德败坏的表现。背后议论他人是非不仅是在放大自己的缺点，也是不负责任的表现。

（4）不要跟领导"称兄道弟"。

领导是领导，员工是员工。同处一个团队，大家各有分工。领导与员工本来就有"地位"之分，如果和领导"称兄道弟"，并试图与领导"平起平坐"，往往会弄巧成拙，得不偿失。

（5）不要阿谀奉承。

阿谀奉承是一种虚伪的表现。许多人为了达到某种目的而虚伪地"奉承"，殊不知其他人并不是"傻瓜"。一味阿谀奉承，不如多做几件实事。

（6）闲话要少说。

工作场合中，经常说闲话绝对会减少一个人的人格魅力。说闲话不是一种幽默，有时候它更像是一枚"职场炸弹"，会让周围人无所适从。

（7）不要过于刻板。

同处工作场合，大家都是同事。同事之间，要更和睦一点。不要过于刻板，总是一副"苦瓜脸"或一种"凡事就这样，不能灵活变通"的样子，这样会影响与他人的交往、沟通。

（8）不要"四面树敌"。

职场中最忌讳"四面树敌"，工作就事论事很重要。与人树敌只会带来种种烦恼：既破坏个人情绪，又影响工作效率。因此，"四面树敌"是不理智的做法，更是工作中的大忌。

（9）不要随意发牢骚。

职场是工作的场合，牢骚要尽量少发，多调整心态，平和处事，即使遇到难题，也要冷静待之，否则牢骚被上司、同事听到，会影响个人形象和整体团结。

（10）不要夸夸其谈。

夸夸其谈会让人觉得你是一个非常"自大"、轻浮的人。"山外有山，人外有人"，谦虚一点，不要成为只会耍嘴皮子的"跳梁小丑"！

（11）要讲礼貌，多用礼貌用语。

讲礼貌是一种对他人的尊重，是一种可贵的品德。工作中讲礼貌、多说礼貌用语不仅能愉悦他人，还能提高自己的声誉和形象，何乐而不为？

（12）懂礼仪。

一个人怎样说话、怎样沟通，甚至一举一动都能成为他人眼中的焦点。要做一个懂礼仪的人，在工作中落落大方、谦逊有礼。

（13）谦虚、低调。

"三人行必有我师"，虚心才能进步。骄傲自满的人常会被人冠以"自大"的"标签"。懂得谦虚、低调，是一种做人的正确态度。"谦虚、低调"是一个人最宝贵的品质之一。

（14）谨慎做人。

谨慎做人的含义是：做事谨慎，懂得三思，多反省自身，善待他人。

（15）诚实守信。

诚信守信是做人的第一要素，一切不诚信守信的做法都会令人陷入被动。身处职场，诚信守信会让人变得更有力量。诚信守信者总是能够成为职场中最受欢迎的人，而那些爱说谎、不遵守承诺的人则往往会失去他人的信任。

（16）团结至上。

如今是"团队至上"的年代，只身闯曹营、单枪匹马的"独行侠"作风已不再适合。工作中要十分强调"团结"，因为"团结"不仅是和谐的基础，更是协调工作、提高做事效率的关键。

（17）学会赞美。

赞美不是阿谀奉承，而是对他人的一种尊重、一种欣赏。赞美他人，同样也能得到他人的尊重。"赞美"是人与人在交流沟通中的一种交互情感，即使批评他人时，也要先肯定其优点、长处。

（18）学会正确对待"舍"与"得"。

"鱼与熊掌不可兼得"，凡事都要学会取舍。俗话说：有"舍"就有"得"。只顾眼前利益者，必定做不了大事。千万不要"捡了芝麻丢了西瓜"，不要为了蝇头小利而耽误了自己的前程。

（19）善于控制自己的情绪。

自控力是一种自我修养极高的表现，人要善于控制自己的情绪，不做职场中的"炸药包"。工作场合不是自家，要控制自己的脾气，以免"伤"到他人，同时要懂得收放自如，平和待人。

（20）集体利益至上。

工作的目的是展示自己的才华，最大程度地实现自己的价值，同

时也是为了得到应有的报酬。职场中人要学会维护集体的利益，任何

企业都更喜欢顾全大局、集体利益至上的人。只有这样，才能获得个

人的最大利益，实现个人的最大价值。

学无止境

知识改变命运，学习改变人生。知识使人更加聪慧，学习让人更具竞争力。

企业不是驿站，更不是知识贫乏者的"培养中心"。在企业中，知识和技能的获取主要靠自己的主观能动性。爱学习、努力学习是通往成功的必由之路。

当今社会发展很快，职场竞争激烈，知识更新周期缩短，人一旦不学习就跟不上形势，还有可能被淘汰。所以，拥有先进的知识结构和出色的技能才能满足企业的迫切需求。数学家华罗庚曾说："聪明出于勤奋，天才在于积累。一个人的能力主要靠学习获取。"

有个男孩，家里很穷，只上了三年学。后来，他的父母双双病倒，无奈之下，他只能来城市里打工。

由于他没有上过几年学，只有一身蛮力，在老乡的介绍下，他去了一个建筑工地干力气活，每天工作十二个小时，只赚二十块钱。他做的工作不仅是最累的，而且是最没有技术含量的。当他得知一名瓦匠一天可以赚八十块钱，一名电焊工一天可以赚一百块钱时，他才知道自己与他人的差距。

于是，他一边辛苦工作，一边向自己身边的师傅"取经"。由于礼貌诚实，勤奋好学，他逐步掌握了泥瓦工和电焊工的技能，薪水也上涨了一些。他还利用业余时间去学习，希望掌握一些技能在城市立足，赚取更多的钱。

他报了夜校学习烹饪，经过努力，他拿到了厨师证，先在一家餐馆工作，后到了一家酒店。昔日的穷孩子成长为一名高级厨师。

学习是提高竞争力的最有效手段，知识和技能可以弥补一个人的短处和不足。一个有竞争力的人不在于他有多么高的学历，而在于他持续坚持的学习力。

爱学习的人总能得到许多机遇。

李桥大学毕业后，进入职场做文职工作。她看到自己的公司常与外国人打交道，于是利用业余时间私下努力学习英语，并且通过了托福考试；得知公司对后勤管理的要求是要懂社会心理学，于是她又报了心理咨询师学习班。

李桥不断地学习，换来了一项又一项有用的技能。俗话说：技多不压身！李桥成为一名"最好用"的员工，在领导的心目中，这个员工"无所不能"。一次，陪领导去国外考察市场的翻译家中有事去不了，李桥毛遂自荐，全程充当翻译，不禁让领导对其刮目相看。回国后，领导调李桥去公司翻译处，专门从事公司的外事工作。

通过学习提高技能，是提升自身素质的最好途径。现今，很多人通过学习成为某行业的专家，还有一些人通过学习，拓宽了自己的人生道路。

学习的方式、方法多种多样。比如，为了得到较高职称，可以通过学习报考职称考试，或通过报名函授、自考等利用业余时间提高自身学历。比如，多阅读，多总结，学习各种知识，丰富自身，拓宽眼界，有利于自己扬长避短，发挥优势。比如，多与人交流，通过沟通获益。比如，掌握一些其他技能，如语言上的技巧。比如，自我加压，养成爱学习的好习惯，等等。改变命运的机会其实很多，只要努力学习，机会就近在眼前。

《三字经》中有云："玉不琢，不成器；人不学，不知道。"人只有不断学习，才能跟上形势的发展，才能不落伍，实现自身价值。

时刻与优秀者为伍

中国古代故事中的"孟母三迁"生动地向我们揭示了环境与个人成就之间的密切关系。孟家的居舍从近于坟墓到近于市场，再到傍于学堂，孟子一步步地从学为丧葬之事到学为买卖之事，再到学为揖让进退文明礼仪之事，终成一代大儒，孟母可谓功劳不小。这充分说明，与什么样的人交往对人的一生影响极大。

有这样一则寓言：

一枚鹰蛋被放到了鸡窝里，结果小鹰被母鸡孵化了出来。这只小鹰以为自己也是一只小鸡，于是每天做着与鸡一样的事情。它从来没有飞过几尺高，因为鸡都飞不高。

一天，它看见一只鹰在万里碧空中展翅翱翔，羡慕不已，就问母鸡："那只飞得那么高的鸟叫什么？"母鸡回答说："那是一只鹰，是一种非常了不起的鸟。而咱们不过是鸡，永远不能像它那样飞。"

小鹰听了母鸡的话，从未尝试着去振动它的翅膀。它只是每天与鸡为伍，不认为自己与鸡有什么不同，最终丧失了鹰的飞翔能力，像鸡一样度过了自己的一生。

这个寓言说明了与什么样的人交往很重要！

在工作中，如果你的周围多是碌碌无为、牢骚满腹，且充满"负能量"之人，那么你在这样的环境下难免也会走向平庸。

许多人都知道这样一句话：穷，也要站在富人堆里。这是在告诉人们，即使你现在很穷，只要汲取富人的致富思想，思考他们的致富原因，学习他们的工作习惯，培养他们的致富素质，同时不放弃希望和努力，按照一定的规则去行动，你就有成为富人的机会。

所以，要想成为一名优秀的员工，重要的是选择与优秀员工为伍。这一点对于刚踏入职场的年轻人来说，尤为重要。与优秀者为伍，人会受到好的影响，这样，人会有一个积极的事业开端，其职业前景也会越来越宽广。

李刚在初进公司的时候经历过这样一次教训：由于他"良莠不分"的交友原则，一些优秀同事逐渐远离了他，使他失去了真正会对自己有所帮助的"益友"。他沾染了一些职场中不良的毛病，像迟到早退、占小便宜、做事讲条件、做错事找借口等，后来在领导的帮助下，李刚懂得了要向有正能量的优秀员工学习，学会了先分辨、再交友的原则，在不了解的时候，不盲目地与某些人过从甚密。李刚改变了他最初的做法，通过观察与了解，诚恳主动地去结交那些能够给他带来积极影响的同事，远离"职场拖拉机"式的同事，慢慢地，他的职场之路也走上了"正轨"。

学会区别与选择，主动向成功者、优秀者靠拢，虚心请教，用心领悟，努力实践，设立目标，就会早日成为优秀者中的一分子。

优秀的员工永远积极向上，和他们交往，会感到愉快而充实。一个优秀且具有成功导向的团体，会让其成员也变得优秀。时刻谨记要让自己永远处于一种良性的"环境"中，如此才能在竞争激烈的职场中不迷失方向。

优秀的员工很注意和消极的人保持距离，他们远离那些缺乏志向、牢骚不断、心胸狭窄的同事，更不与他们交朋友。因为消极、无所事事的人，所传递的也只能是消极的信息，容易使他人失去目标，失去前进的动力，距离成功越来越远。

《塔木德》中有一句名言："和狼生活在一起，你只能学会嚎叫。和那些优秀的人接触，你就会受到好的影响，耳濡目染，潜移默化。"

优秀的员工不仅是益友，而且是良师。与优秀者为伍，会让我们获益匪浅：

（1）可以学习优秀者的长处，将他们的优秀品质根植到我们自己身上，使我们自己也变得优秀。

（2）可以分享优秀者成功的经验，发现我们自身的弱点与不足，得到提醒和建议，做人做事少走弯路。

（3）可以在交流中发掘自己的潜能，得到更多教诲，获取更多的机会。

（4）可以获得来自榜样的激励，激发自我的进取心与竞争力，对待困难不气馁、不放弃，向成功进发。

古语有云：近朱者赤，近墨者黑。时刻与优秀者为伍，在工作中就会不断进步，也跻身于优秀者之列。

遵守纪律

世界著名公司英特尔把"注重纪律"列为公司六大价值观之一，表现出世界级大企业对纪律的极端重视。身为一名企业员工，遵守纪律是一项最基本的要求，是工作的底线，切不可等闲视之。

许多人认为迟到早退、随便请假等只要不影响工作并没有什么大不了的，因此，企业强调纪律总是会招来一些人的不满。其实，企业强调纪律是想让工作的效率更高，能更充分地调整员工的精神状态，使其在单位时间内做好应该做的事情。

一个企业如果不讲纪律，松松垮垮，个人意志凌驾于集体利益之上，是打不了硬仗的，企业也做不大，走不长远。即使是自由职业者，也必定会有一个短期或长期的工作规划，并按照规划去安排自己的生活起居和工作进程。为了防止懈怠，有些人甚至还会采取一些自戒措施，这都是纪律，只不过这时候更多体现出的是自律能力。纪律是保证企业长久发展，保证个人与集体步调一致的有利"武器"。

（1）树立纪律意识，遵守规章制度。

第一，纪律是对组织的目标、核心价值观及文化特征的认同与身体力行。

"和气为贵，顾客至上"是世界著名的希尔顿饭店不变的经营理念。一次，一位经理在解答顾客问题时态度生硬，与顾客争吵起来。希尔顿先生得知后，立刻解雇了这位经理。经理不服气，希尔顿先生严厉地说："你违反了饭店纪律——不与顾客顶撞、争吵，因此即使你再有理由，再优秀，也不适合待在这里。"

违背企业的价值理念和经营政策，就是不遵守企业纪律。对企业纪律认同、坚定不移地践行企业的价值观是员工真正融入企业、真心为企业服务的重要标准。

第二，纪律指遵守规章制度、规则和程序，遵守公共道德规范。

企业为了能够正常运转及发展壮大，往往会制定出一套适合自身实际与发展的规章制度，是企业以往成功与失败经验的高度总结，是对同行业成功与失败经验的有效借鉴，对于本企业员工适应特定的职场环境、顺利开展工作有很强的指导作用。

第三，纪律指服从命令，按上级的指示和要求完成工作计划。

遵守纪律、服从指挥是企业实现有序发展的最基本前提。如果不服从，不能令行禁止，企业就很容易成为一盘散沙，难以顺利前行，也会阻碍员工自身的发展。

（2）纪律是外在强制与自我约束的统一体。

美国西点军校非常注重对学员进行纪律培养。为保障纪律培养的实施，西点军校有一整套详细的规章制度和惩罚措施。纪律训练长达一年，以使纪律观念深深地根植于每个学员的心中。同时，与之而来的是，每个学员都培养出了强烈的自尊心、自信心和责任感，这些精神和品质让他们受益终生。

然而，在生活中，很多企业不会有如此严格的纪律训练，纪律内涵的自我约束意识也常为员工所忽视。

人对纪律的认识与遵从，自身的主观意识起着决定性的作用。写在纸上的纪律条文，只能作为一种外在的规范力量而存在，只有人们发自内心地不折不扣地去执行这些条文，才是真正地遵守纪律，纪律的效能也才会完全发挥出来，这就需要人们具备很强的自我约束、自我管理能力，需要人们有一个正确地对待纪律的态度。因此，人们须不断地加强自身的文化素养和道德修养，真正认识到纪律的重要作用，将遵守纪律的行为变被动为自觉。

（3）纪律在员工成长中具有无可代替的重要作用。

现今，许多人在职场中表现出对纪律的忽视倾向。

小王是刚步入职场的一名实习会计。一天，他向主任请假要去报名注册会计师考试，主任批准了。

上午10点，小王便离开了公司。下午3点钟的时候，部门经理找小王要一份报表，主任说："他报名还没回来。"主任立即拨通了小王的手机，而此时小王却已经在回家的路上了。经理大为不悦："上班时间，怎么可以这么随便呢？连朝九晚五都做不到，还能做什么重要的事情呢？"

主任的提醒使小王认识到了自己所犯错误的严重后果，第二天，他主动去向经理承认错误，获得了经理的原谅。这件事情给了他很大的教育，并在以后的工作中予以改进。

把遵守纪律的观念从强制被动变为一种自觉意识，这是每一个职场人必须要经历的过程，也是必须要认真对待的事情。遵守纪律既是为了企业利益，也是为了自己的利益。在职场中不遵守纪律的最终结果就只能是被纪律所"抛弃"。

遵守纪律能带给员工如下好处：

① 纪律帮助员工树立团体观念，增强合作意识。

② 纪律会提高员工的工作效率，使员工事半功倍地完成工作任务。

③ 纪律始终保护员工的职业安全,使员工身心健康地履行职责。

④ 纪律会保证员工不犯或少犯错误,知道什么事情该做,什么事情不该做。

⑤ 纪律会让员工赢得尊重与信任,获得更多职业发展的机会。

工作中不要斤斤计较

工作中有不少斤斤计较之人，他们对于"付出与回报""汗水与薪水"锱铢必较；卡点上班，卡点下班；对分外之事动辄讲条件、要代价；个人利益与集体利益发生冲突时，总是"我"字当头，强调自我权利。这其实是一种目光短浅的行为。

小张的业务能力很强，是公司的骨干。但是上司提起小张总是摇头，原因在于：小张事事爱"计较"，张嘴闭嘴"我该拿多少"，同事评价他"总为一些鸡毛蒜皮的小事闹个不休"。

一次公司分福利，每人一箱葡萄酒。正逢小张出差，所以到他领取时，办公室只剩下最后一箱，装葡萄酒的箱子破了，酒瓶露在外面。小张看到后竟勃然大怒："好的都让你们领走了，就给我留下一堆破烂儿，对我有意见就直接说，干吗这样!"原本是件高兴的事，结果办公室里的人很不愉快。

斤斤计较是心胸狭窄的一种表现。太过"计较"的人，会给自己带来很大的危害，具体如下：

（1）造成同事间人际关系紧张。

企业是由不同的人组合而成的一个个或大或小的集体，生活经历不同、文化背景不同、脾气性格不同的人，每天聚在一个地方，如何相处是所有人都须面对的问题。人际关系处理得好，工作时就会如鱼得水；处理得不好，就会互相不信任，处处提防，处处小心。如果集体中有一人只知"利"字当头，什么亏都不肯吃，什么便宜都想占，工作拣轻的干，待遇往高处要，就会影响整个集体的团结和工作效率。

如果你有"宽以待人"的胸怀，不斤斤计较于利弊得失，那么他人也会同样宽以待你，如此，同事间方能和谐共事。

（2）影响个人情绪。

某心理实验专家曾经做过一项心理实验，得出的结论是：总爱斤斤计较的人90%患有心理疾病。斤斤计较会使人陷于琐事的纠缠中而引发内心焦虑，造成心理失衡。工作中那些总爱计较得失利益的人，常会因内心达不到平衡而不快乐、生闷气，甚至发怒。这种不良情绪伤人伤己，对工作十分不利。

（3）丧失机会与发展。

斤斤计较者，表面上看，他们一次次"成功"地争取到了一分一毫的利益，周围的人也尽可能"让着"他们，但这种不肯"吃亏"的性格，实际上却让他们失去了长远发展的基础，迟早会被淘汰。

中国有一句老话叫"吃亏是福"，是说能够"吃亏"的人，能得"大利"。事实上，工作上肯于"吃亏"的人，不为小事计较的人，往往都能成为真正的获益者。

有一年过年时，皇帝准备给大臣们分羊，当大小不一、胖瘦不等的羊被牵上来的时候，皇帝犯愁了，怎么分呢？大臣们也都愁眉苦脸的。这时一个岁数不大的文官，就近牵了一只瘦羊，说："我就要这只了，谢谢陛下的赏赐。"然后转身就走。几位大臣一看，也各自就近牵羊，"分羊"事件顺利解决了。后来，皇帝赏赐给第一个主动牵羊的大臣许多金银珠宝。

做一个心胸宽广的人，不要斤斤计较，不要做"捡了芝麻丢了西瓜"的事。改变工作态度，对他人多一些宽容，少一些苛求，多一些赞美，少一些指责，你的职场之路会越走越宽。

说正确的话，干正确的事

俗话说：言多必失。意思是"话说多了，难免会让人产生误会或者多说了不该说的话"。在工作中，说话应讲究分寸，注意哪些话该说，哪些话不该说。说正确的话、干正确的事在工作中是非常重要的。

银行出纳李小姐虽然工作很认真，能力也很强，但每年评选优秀员工都与她无缘，问题就在于她说话有"问题"。

有一次，一位女同事结婚度蜜月回来，手捧着一打结婚照让同事们看。很多同事都赞不绝口，唯独李小姐说了一句话："都是什么摄影水准啊？PS 的吧！"此话一出，那位女同事顿时很生气，而其他在场的同事也觉得李小姐有点过分了。

李小姐在任何时候都表现出自己的优越感，说话也是随口就来，不考虑他人的感受。同事们知道她的"问题"后，在分享乐趣或者有团队任务时，都将她排除在外。最后整个银行与她交往的人少之又少，她成了银行里名副其实的"绝缘体"。

人的说话方式、说话态度、说话时机、说话情绪、说与不说的把持，凡此种种都是要好好把握的。如果"说话"、交流不好，自己也不加以重视，就会遇到影响职场生存与发展的严重障碍。

遇到下面几种情况，请动动脑筋，谨慎处理：

（1）商业机密。

保守商业机密，是每个企业员工的必修课。每个企业都有自己的商业机密，商业机密是每个公司发展的"秘密武器"，也是公司发展壮大的重要因素。

因此，谈话涉及公司机密时，请三思之后再开口。

（2）牢骚。

工作中谁都会遇到一些不顺心的事，比如薪水、晋升问题、个人隐私等。如果因为不满就随意发牢骚，不但解决不了问题，而且会令你的领导、同事感到厌烦。

所以，把牢骚放进肚子里，如果实在想要发泄可借助一些其他的手段，比如更加努力地工作，抑或找个没人的地方发泄。

（3）随意评价他人。

如果你改变不了自己爱说话的习惯，不妨学着多赞美他人，不要随意评价他人。不随意评价他人，同时也是对他人的尊重。

（4）打探私生活。

在个人私生活方面，一定要慎之又慎。私生活是一个人的隐私，也是一个人最避讳、最为禁忌的话题。所以不要打探他人的私生活，即使听到了也不要做传播者。自己的私生活也要少在公众面前提及。

（5）爱炫耀。

炫耀是为了取得荣誉或引起普遍注意而表现出来的一种虚荣情感。爱炫耀是人的一种自我表现心理，但有时炫耀会为自己惹来麻烦，比如，遭到他人嫉恨。四处炫耀不但会招致他人反感，还可能会引起他人嫉妒，最终不利于自己的形象。

（6）"爱吹牛"。

"吹牛"不仅不能让人信服，而且还会招人厌烦。有些人不分场合、不分对象，大谈特谈自己的理想或能力，或夸大取得的成绩或突出个人作为，这样很容易被他人认为自己爱"出风头"。

（7）立场表达要谨慎。

你是谁的人？你力挺谁，反对谁？如果你大庭广众之下表明自己的立场态度，你不仅可能会被别人忌惮或利用，而且还会因此受到领导、同事的批评。

职场是一个靠智慧、靠能力生存的地方，不是站队表态的"政治"。少说话，多做事，说正确的话，干正确的事，是职场生存的重要原则，至于立场表达，尽量远离。

自动自发是进步的阶梯

很多人认为，他们之所以没有得到升迁或领导的重视，是因为没有人帮助他们，没有人提拔他们。他们会说，好的位置已经被人"占"了，高级的职位已被"有关系"的人抢走了，稍好一点的机会也被别人"捷足先登"了，所以他们只好在原地踏步。然而，积极的人不等待，而是自动自发地拼搏。

初入职场的小杨，在工作初期，遇到了很多困难，但他告诉自己：面对问题时，要倾尽全力，除了努力以外，什么都不想。小杨主动向他人请教，努力克服困难。小杨自动自发的精神，领导都看在眼里，同事也慢慢接纳、认可了他。如今，小杨已成为公司的王牌推销员了。

小杨说："我也曾成天唉声叹气、愁眉不展，抱怨上天待我不公平。有一段时期，我甚至十分懒散，整天做着发财梦，后来'幸运'

始终没有降临在我身上，我的幻想最终破灭了。就在这个时候，我看到一本书，书上说：'天下没有不劳而获的事情，人生要靠自己主动去开创，你对人生付出多少，人生就给予你多少。'

"再加上我看周围的同事都在努力奋斗，没有谁整天发牢骚，于是我开始振作起来。

"当我改变后，我感到自己整个人都变了，也发现生活中到处都有新的机会，我决定就从推销员干起，我相信自己有能力克服任何困难。从此，'信心与行动'，自动自发，便成了我的人生信条。我主动帮助他人，他人也在我遇到问题时帮助我，我主动向领导请教，领导也向我传授经验，我的人际关系好转了，人脉也扩展了。"

积极进取的人，会把运气撇在一边，不放过任何可能让自己成功的机会。积极进取的人，不等待运气"护送"自己走向成功，而是去努力争取更多成功的机会。他们可能会因为经验不足、判断失误而犯错，但是他们肯从错误中学习，慢慢地，当他们逐渐成熟后，就会接近成功。

积极进取的人，不怨天尤人，他们会检讨自己，告诉自己再接再厉，掌握人生的主动权。即使遇到事情不顺利时，他们也会抱着主动的精神和充分的信心，积极努力地去克服困难，即使遇到再大的阻力，也从不退缩。由于他们从一开始就抱着不放弃的心态，所以任何困难都磨灭不了他们的斗志。他们会直面问题，冷静思考，从头再来，努力地去实践。

培养自动自发精神，可以运用下面的一些方法：

（1）遇到困难时，绝不放弃，坚持到底。

（2）视困难为"纸老虎"，尽量用充满希望的积极语言鼓励自己，不说令人丧失斗志的话。

（3）不要让情绪控制内心，尤其是坏情绪，要用正面的积极的情绪引导自己，坚信"我认为能，就做得到"。

（4）做个主动的人。主动做事，不等待他人分配任务，尽量自己克服问题，而不是等待他人援助。

（5）克服恐惧心理，增强自信心。

（6）时刻想到"现在"。"明天""下礼拜""将来""等等"之类的词跟"永远不可能做到"意义相同，从脑海中去除这些词语，成为"我现在就去做"的人。

（7）态度要积极，做改变者。不要固守现状，要敢于挑战自我，主动承担工作，向他人证明自己有成功的能力与雄心。

在工作中，机遇不会无缘无故地降临到你头上，机遇来时，如果你没有准备好，也会很快就走了。消极等待只能是徒劳；只有自发自动，主动出击，才能为自己争取到更多成功的机遇。

以知恩图报之心工作

如果让你说出生活中能够感动你的事情，你可能会举出无数的例子。比如，在你迷路时，一个素不相识的人帮你指明方向；在你痛苦时，朋友对你伸出援助的手；在你落魄时，家人伴你走过低谷……然而你有没有发现，你往往忽视了一件最最重要的事情，那就是对你的工作的感恩。

感恩是一种良好的心态，当你以一种知恩图报的心态工作时，你会工作得更愉快、更出色。

一位成功人士曾说："是感恩的心态改变了我的人生。当我清楚地意识到我没有资本，也无任何权利要求别人时，我就开始对周围的点滴关怀抱有强烈的感恩之情。我努力工作，竭力要回报他们，我努力工作，竭力要让他们快乐。结果，我不仅工作得更加愉快，所获帮助也更多，工作也更出色。我很快获得了公司加薪升职的机会。"

工作是每个人赖以生存和发展的基础。尽管每一种工作环境都无法尽善尽美，但每一份工作中积累的宝贵经验和资源，如失败的沮丧、成功的喜悦、友好的工作伙伴、值得感谢的客户等等，都是我们工作中必须经历的感受，也是我们能够取得的财富。因此，只要我们每天怀抱着一颗感恩的心去工作，始终牢记"拥有一份工作，就要懂得感恩"的道理，我们一定会收获许多。

办公室职员小竹在谈到她破例被派往国外公司随同上司考察时说："我和上司虽然同样是研究生，但我们的待遇并不相同，他职高一级，薪金高出很多。但我没有因为待遇不如他人就心生不满，我认真做事，努力学习公司业务。当许多人抱着多做多错、少做少错、不做不错的心态时，我尽心尽力做好手中的每一项工作，我甚至会积极主动地找事做，了解上司有什么须协助的地方，熟悉业务。因为在我上班报到的前夕，父亲就告诫我三句话：'遇到一位好领导，要忠心耿耿地为他工作；如果第一份工作就有很好的薪水，那是你的运气好，要感恩惜福；万一薪水不理想，就要懂得跟在领导身边学本事。'

"我将这三句话深深地记在心里，并始终秉持这个原则做事。我的努力，上司都看在眼里。后来在挑选出国考察学习人员时，我是唯一一个资历浅、级别低的办事员，这在公司里是极为少见的。"

工作中不论做任何事，都要把自己的心态回归到"零"：把自己"清空"，抱着学习的态度，将每一天的工作都视作一个新的开始、一次新的挑战，不计较一时的得失。人一旦做好心理准备，拥有积极的心态之后，不论做任何事都能心甘情愿、全力以赴，而当机会来临时更会及时把握，一鸣惊人。

带着从容坦然、感恩之心工作吧，这样你会获得更大的成功。

人的感恩心情基于这样一种深刻的认识：企业为你提供了一个广阔的发展空间，为你提供了施展才华的场所，你对这一切，都要心存感激，并力图回报。

为拥有一颗感恩的心，须做到以下几点：

（1）热爱自己的工作，全心全意、全力以赴地完成工作任务，同时注重提高工作效率，多为企业的发展规划建言献策。

（2）一切从大局出发。尤其是当你遇到不公平待遇时，要正确理解，坦然面对。在企业面临暂时的经济困难时，要想办法与企业共渡难关。

感恩的心，不仅对工作有益，对自己同样有益。你会发现，感恩是会传递的一种正能量，它使人更积极，更有活力。

满怀感激、忠心耿耿地工作吧！一颗感恩的心，会使你的事业步步高升，会使你的人际关系更加融洽，会让你拥有更加辉煌的前景。

不是做得很不错，而是要做得没有一点错

美国金融家斯蒂芬·吉拉德有一句名言："我们要的，不是做得很不错，而是做得没有一点错。"

有三个年轻人去一家公司应聘采购主管。

在整个面试过程中，他们在专业知识与经验上各有千秋，难分伯仲。随后公司总经理亲自面试，他出了这样一道题，题目为：假定公司派你到某工厂采购 4999 个信封，你须从公司带走多少钱？

几分钟后，应试者都交了答卷。

第一名应聘者的答案是 430 元。

总经理问："你是怎么计算呢？"

"就当采购 5000 个信封计算，可能是要 400 元，其他杂费就 30 元吧！"第一名应聘者对答如流。但总经理却未置可否。

第二名应聘者的答案是 415 元。对此他解释道："5000 个信封，

大概需要 400 元，其他杂费需要 15 元。"

总经理对此答案同样没表态。但当他拿起第三个人的答卷，见上面写的是 418.42 元时，立即问道："你能解释一下你的答案吗？"

"当然可以，"第三个年轻人自信地回答道，"信封每个 8 分钱，4999 个是 399.92 元。从公司到某工厂，乘汽车来回票价 10 元，餐费 5 元。从工厂到汽车站有一里半路，请一辆三轮车拉信封，需 3.5 元。因此，最后总费用为 418.42 元。"

总经理露出了会心的一笑。

当然，最终被录用的是第三位应聘者。

上面案例中的第三位应聘者，赢就赢在他没有把"101"说成"100 多"，这不是做得很不错，而是做得没有一点错的负责精神。

在工作中，如果始终坚持精益求精，做到一点差错都没有，就会使事业达到一个新的高度，自己也将跻身于卓越的行列。

因此，要想成为最优秀的员工，就要摒弃"合格""及格"的思想，要做到卓越，做到精益求精。

第二篇

执行过程要高效

学会多角度思考

工作干得太久，人的思维就会形成一定的模式，甚至"固化"，认为"就应该怎样"或"这样就挺好"。但真正优秀的员工会在积累了一定经验后打破思维定式，多角度思考，将工作做好。

人受成长环境和个人能力的限制容易形成相对固定的思维模式，这种思维定式是一种思维习惯，换句话说就是思维摆脱不了已有"框框"的束缚，人变得"死脑筋""头脑不灵活"。

小孙是一家电子公司的资深员工。他在自己的岗位上默默奋斗了十年。十年的职场生涯，虽然经历过短暂的辉煌，但是他始终未被提拔，所以他常常为此叹息。

又是一年表彰大会，小孙看着领奖台上的同事，郁闷不已。

一次聚会，大家纷纷谈论起公司的事。小孙趁着酒劲发起了牢骚。

小孙曾经的同事、现今的上司小王说："你嘛，人挺好，就是爱钻牛角尖。想升，并非像你想象的那样……你勤快，做事也还认真，但升迁须考查一个人的综合素质，你的其他才华领导一概不知！你总说自己怀才不遇，但是领导对你的能力又了解多少？韩愈说过：千里马常有，而伯乐不常有！你要换种方式，给领导展示你突出的能力。"

小孙低下了头，他终于明白了自己的问题：固守思维，原地踏步。

聚会结束后，小孙重新为自己的职场发展制订了规划。他发现，公司喜欢的是技术尖子，他最终通过参加技术比赛，展示出自己在"电子传感"方面的特长，不仅拿了奖，还得到了公司高层的赏识，被提拔为技术部工程师，为以后的升迁和更好地发展搭建了一个有效的平台。

常言道：不破不立。"破"和"立"就是打破思维定势，重新建立思维模式，谋求发展。

打破思维定势，无论是从职场角度，还是从心理角度都具有积极的意义。一个优秀员工一定是个心理健全、思维活跃的人。如果始终活在"条条框框"里，就会变成一个呆板、没有活力的人。

思维定势其实就是一个"牢房"，把自己关进"牢房"里能得到自己想要的阳光吗？

心理学上曾经有一个著名的实验：把六只蜜蜂和六只苍蝇放在一

个玻璃瓶中，而后把玻璃瓶放平，瓶底朝着窗户。结果，蜜蜂按照自己的老思路总是在瓶底上面找出口，最后跌跌撞撞非死即伤；苍蝇则在几次碰壁后沿着玻璃瓶的另一端逃出了瓶口。

实验中的蜜蜂按照以往形成的似乎又合乎逻辑的思路寻找出路而最终选择了光亮处，但是由于其养成了思维定势，不能多角度地观察、思考问题，不懂得变通，连连碰壁仍不改变思路，所以没能走出"牢房"。苍蝇却没有被思维定势所束缚，此处不通便换条路，最终逃离了"牢房"！

古人言：山重水复疑无路，柳暗花明又一村。一个员工只有打破思维定势，学会多角度地思考、观察问题，自己的职业发展之路才能走得顺畅。

工作中要有自己的"独门武器"

俗话说：技多不压身。人拥有"独门武器"，不仅可以提高工作效率，为企业创造更大的效益，还能大大提高自身的竞争力，在职场中立于不败之地。

当今社会，是一个靠本事生存的社会，如果没有一门"特殊手艺"，恐怕只能流于平庸。当然，有的人在某项技能上有天赋；有的人擅长交际；有的人具有非凡的组织能力；有的人具有卓越的逻辑判断能力……每个人都有自己的特点和长处，尽可能地发挥自己所长，也就能掌握自有的"独门武器"。

王旭东作为一名电子科技大学毕业的高才生，在软件设计上天分很高，英语水平也很高，大学期间就曾参与多项软件程序的设计，发表过多篇文章，毕业后进入一家IT公司，被公司任命为首席设计师。之后的几年时间内，王旭东带领着他的设计团队不断开发新产品，公司在业内的影响力越来越大，逐渐发展成为一家颇具规模的跨国企业，而王旭东也由一名普通的软件设计师晋升为公司的运营总监。

可以说，人拥有了"独门武器"，往往就拥有了比他人更好地发展的基础。那么，如何拥有"独门武器"呢？

（1）树立自信心。

李白诗曰："天生我材必有用。"每个人都有自己的长处，不用和他人攀比，也无须嫉妒他人。许多人常常会迷失自我，找不到自身价值所在，时常问自己："我到底能够做什么？"其实这是不自信的表现。

树立自信心，找到并充分发掘自己的特长，直至它成为自己的"独门武器"。

（2）时刻不忘"充电"。

当今社会发展很快，一个人如果不经常"充电"，就会与社会"脱节"，最终被社会淘汰。现代社会需求的是复合型人才，因此，不论学历高低、位置高低，都须在不同的方面加强学习，提高自身的综合素质。

小张是某大学传媒专业毕业生，毕业后进入一家传媒公司做了记者。这份工作不仅要求人能吃苦受累，而且必须具备一定的文字功底和口头表达能力。小张在这几方面的表现都不错，很快在公司站稳了脚跟。

日后由于该传媒公司规模扩大，设立的各地记者站增多，而下属记者站的记者往往同时须扮演司机的角色。小张了解到这一信息后，利用业余时间报了驾校，考取了驾照。

几年之后，小张通过竞聘成了某地下属记者站的站长。有人问他成功的原因，他笑着说："这个记者站须有驾照的人！"

"独门武器"是工作中很重要的一门技术。"独门武器"不仅仅包括一技之长，像细心、耐心、肯钻研等品质其实都可以称得上是与他人不同的地方。所以，要善于发掘自己与众不同的优势，积极培养，使之成为自己的"独门武器"。

遇难处不抱怨、不放弃

很多人爱抱怨，而抱怨是一种消极的情绪，一个每天抱怨的人是不会高效工作的。抱怨会严重影响工作效率，影响工作质量，影响人际关系和团队团结。抱怨非但得不到领导的赏识和提拔，得不到同事的理解和同情，反而会遭到他人的鄙弃。

习惯于抱怨的人总是问题不断，烦恼不停，而且时常为种种抱怨所纠缠。

那么抱怨的问题到底出在哪里呢？是工作环境、用人制度，还是自己的心态呢？

美国一家电脑公司的销售员汤米，他从当上销售员的那天起，就开始为一件事情发愁：销售业绩。他每天起床后就是无休止地抱怨，抱怨老板，抱怨客户，抱怨钱少，抱怨吃苦受累。由于他总是抱怨，业绩上不去，工作态度消极，影响了团队的士气，最终他被公司辞退了。但他所在的公司后来竟然发展成为世界上最大的 PC 厂家——戴尔！几年后，汤米开始后悔当年在戴尔做的"蠢事"。

抱怨是一种非常不健康的心态，是一种不负责任的对不良情绪的放任。抱怨不但严重影响一个人的情绪，而且还会影响一个人正常的判断力。抱怨是不能解决任何问题的，只会增加烦恼、痛苦。

抱怨是职场的"杀手"，会消磨员工的斗志。

据心理学家研究，影响人们成功的最大因素是心态。心态失衡，就会产生诸如抱怨等不良情绪。抱怨虽然只是口头上发发"牢骚"，但这些语句会不断地对自己进行负面的暗示和强化，不断说服自己并"相信"自己的"失败无能"。因此，心理学家认为，抱怨放大了一个人的痛苦，一个在职场中处处抱怨的人是不会有所发展的。

一个人若想成为一名职场精英，那就万不可有抱怨心态；请从"停止抱怨"开始，把注意力放在工作上，用实际行动解决工作中出现的问题。遇到挫折要从容面对，不抱怨、不放弃，只要继续努力，就一定会成功。

如何才能做到"不抱怨"，进而在工作中高效执行呢？

（1）要有好心态。

比尔·盖茨曾说："人生是不公平的，但请不要抱怨，习惯并接受它。"良好的心态是逐步培养的，无论面对多大的困难，都要有克服困难的决心和信心。

（2）学会克制自己。

抱怨是一种任性的表现。任性不是一个成熟的人应有的表现，任性会摧毁一个人的意志，所以，要学会克制自己，远离任性，拒绝抱怨！

（3）学会宽容。

心理学家认为，一个能有效阻止抱怨发生的办法就是要有宽容心。宽容是一种无私，也是一种高境界。如果在生活上、工作中能对自己的家人、朋友、同事和上司给予更多的理解和宽容，那必然也会得到其他人的理解与帮助，减少许多烦恼。

（4）做一个行动派。

抱怨会消耗人的能量，阻碍人的行动。满腹牢骚、天天抱怨之人即使有目标也不会行动。有人说："沉溺于抱怨的人，只会阻碍自己的梦想实现。"

在工作中，有能力的人很多，但是，真正成功的人不多。究其原因，一个关键因素便是：工作态度。可以说，保持积极的健康的心态，是正确的职场态度，也是正确对待问题、解决问题、处理问题的态度。

一名高效的执行者一定是一个拥有很强的意志力、控制力和很高智慧的人，也是一个付诸行动、不抱怨的人，更是一个拥有积极态度的人。记住，当你无法改变现状时，与其抱怨，不如改变自己！

学会选择，面对压力要做"减法"

人的一生说长也长，说短也短，懂得选择、学会放弃是一种人生哲学，也是一种工作哲学。

人不能贪婪，尤其不能过于贪婪，因为贪婪只会令人失去更多。人的承载能力是有限的，承载过多必然会影响前进的速度。学会取舍，选择最适合自己的才是明智之举。

一个被人称作"傻子"的商人，坚持"让利销售"，以薄利多销获取利益。很多同行说他："市场又不透明，你完全可以像别的公司那样加价销售。赚钱才是硬道理！"然而这些"建议"都被他一口否决了，他仍然坚持自己的做法。

几年后，周围的许多人都赚了个"盆满钵满"，而他还在坚持自己的销售原则。但又过了几年，拥有良好社会信誉的他迅速占领了市场，成为该领域的佼佼者。这个曾被人当成"傻子"的人正是凭借其

"薄利多销"的合理取舍原则占得了商机，从而走向了成功。

学会选择、懂得放弃是一种正确处理舍得的健康心态，也是做人的一种境界。懂得适时放弃的人才会快乐，而"不舍""舍不得舍"的人，只能背着"包袱"走路，一路辛苦。

一名员工因为工作压力太大而苦恼不堪，于是找到自己的老师请求帮助。老师对他说："明天我们一起去登山吧，到山顶你就知道该如何做了。"

第二天一早，他们开始爬山。山上有许多晶莹剔透的小石头，煞是好看。他每见到喜欢的石头，老师就让他装进袋子里背着。袋子越来越沉，他有些吃不消了。"老师，再背，别说到山顶了，恐怕连走也走不动了。""是呀，那该怎么办呢？"停顿了一下，老师微微一笑继续道："该放下就得放下，不然背着石头怎么登山呢？"这名员工茅塞顿开。

工作就如同登山，一路上荆棘与诱惑很多，人如果想法太多就如身背重负，那不可能登到山顶，更不可能欣赏到更美更壮观的风景。

在工作中，人们时刻都要在舍得中选择，只有懂得了取舍之道，懂得了放弃的真意，对压力"做减法"，自然就会对"荆棘"不怵，对"诱惑"敢于抗拒，也才能真正获得内心的平衡，认真而高效地工作。

健康的体魄是高效执行的前提

现如今，工作压力越来越大，许多人时常会感觉疲劳，睡眠不好，有时还会出现心悸、盗汗以及健忘等症状，严重的还会导致猝死。

学会减轻压力，学会平衡心态，拥有健康体魄，是职场人在工作中需要的另一种技能，这是高效执行的前提条件。

小刘在一家外资电子公司从事电子商务工作。在订单旺季，公司时常须加班加点。小刘作为初入职场的新人，十分珍惜这份工作，工作起来常常夜以继日，几乎每周都要加 20 个小时以上的班。在高强度的工作下，小刘的压力越来越大，后来，他觉得头疼，浑身不舒服，注意力不集中，最终倒下了。他被医生告知要在家静养，尽管不要从事高强度的工作。之后小刘被公司调离了原岗位，去了一个工作轻松却与自己的理想背道而驰的岗位。

压力是每个职场人都有的。很多人人体虽未发病，但身体或器官已经处于隐患状态，如果稍不注意，就会引发各种疾病，处于亚健康状态。一个人如果长期处于亚健康状态，势必影响其工作效率，对自己的职场之路造成阻碍。

那么，如何看待竞争，如何面对压力呢？首先，要树立正确的观念，把竞争和压力看作是工作中不可分割的一部分，做好对待竞争及抗压的心理准备。在竞争和压力面前，不要惊慌失措，要静下心来，审时度势，理顺思绪，找出解决的方法，对压力做"减法"。其次，要制定切实可行的职业目标，切忌由于自我期望过高使目标无法实现，导致心理压力剧增，造成心态失衡。再次，要区分恶性竞争及良性竞争，对压力进行分析，弄清楚哪些是工作导致，哪些是自己产生的。将压力一分为二，该放弃的放弃，该面对的面对。

（1）身心健康是基础。

身心健康是指人精神焕发、起居正常，不仅让自己的生活、工作处于良性循环之中，而且使自己更具竞争力，更有耐压力，并能够向更高的目标发起挑战。

陈雷是一名体育大学的毕业生，他一直都非常注重自己的心态健康状况。大学毕业后，他进入一家体育推广公司从事健身器材的市场推广工作，繁忙的工作并没有使他放松对心态的锻炼。他总是说：

"如果没有一个好心态，你推广的健身器材有谁会接受呢?"许多商家、顾客都夸赞他热情、耐心、心态好。正是凭借其健康阳光的形象，陈雷屡创佳绩。如今，他已经成为公司的市场部经理，向更高的销售目标发起挑战。

许多职场人在激烈的竞争中存在很大的心理压力。据调查，这些压力有很多会导致心理疾病，像情绪低落、忧郁、冷漠、时常发怒等。如果发现自己的心理问题已经严重影响到了工作效率和工作质量，就应该重视起来，放缓工作的脚步，认真思考自己的心态出了哪些问题，并相应调整。

（2）培养健康的社会适应能力不容忽视。

一个人在各种职场竞争和压力面前，如果不能有效疏导，这种压力就会愈加突出，人对社会的适应能力就会降低，对个人生活、工作都会产生十分不利的影响。

人只有在健康体魄和健康心理的交互作用下，才能充分发挥性格中的积极因素，克服消极情绪，做自己的主人，将命运掌握在自己的手里。

因此，无论什么人，无论从事什么工作，都要有健康的体魄，学会张弛有度，劳逸结合，努力在健康与工作之间找到最佳平衡点。

一勤天下无难事

一个优秀的执行者可以不聪明，但不能不勤奋。企业需要勤奋的领导，同样需要勤奋的员工。俗话说：一勤天下无难事。勤奋是企业高效运转的前提，是员工高效执行的基础。

这个世界上，能够成功的绝大多数都是勤奋的人，而不是经常耍小聪明耍手段的人。人之所以能够成功，除了运气与机遇外，勤奋也很重要。

某公司新进来两个大学生，一个叫张林，一个叫吴彬彬。张林是名牌大学毕业，天资聪明，能力出众；吴彬彬则十分普通，少言寡语。两个人都从事市场营销工作，分别跑不同的片区。

许多人看好张林，认为他有背景，专业能力突出，能讲会说，果然张林很快就拉到了很多客源，为公司带来了订单。吴彬彬则像传统的业务员那样，不怕苦不怕累，即使被拒绝了也不气馁，勤奋努力，年底时吴彬彬拉到的客户订单也不比张林的少。

后来张林凭着自己的专长调到电子商务部专门从事电子商务工作，吴彬彬仍然留在销售部从事市场销售。吴彬彬深知自己专业能力不够，于是利用业余时间报夜校学习电子商务。经过半年的学习，吴彬彬熟练掌握了技术。

两年后公司进行销售业务大比拼，之前"不显山不露水"的吴彬彬最终得了第一，被评为"销售能手"！

华罗庚曾说："勤能补拙是良训，一分辛苦一分才。"成功的机会总是留给那些勤奋的实践者。如果你不是天才，不要灰心，只要踏踏实实地用勤奋的汗水去浇灌，终有一天你会成功的。

"勤能补拙，笨鸟先飞"，体现出来的是一种积极的工作态度。比他人早行动一步，就能为自己预留出足够的空间把工作做好；比别人多流一些汗，就能弥补自己的不足，提高自身的竞争力，缩短与成功之间的距离。

职场大浪淘沙中，有很多人因懒惰、拖延而被淘汰。真正的高效执行者，把自己当成天资平凡的"笨鸟"，勤学苦练，脚踏实地，通过流血流汗，刻苦磨炼，不断丰富自己，直至取得成功。

做一只先飞的"笨鸟"，做一个勤奋的人，你就会发现，其实成功离你并不遥远！

常反省，常总结

"吃一堑长一智"，反省和总结是人避免犯相同错误或少犯错误的有效方式。只有善于反省和总结，才能有效避免问题，及时发现问题，顺利解决问题。

善于反省和总结的人会反省和总结得失，总结遇到的各种问题，并对没有产生的问题事先给自己打"预防针"，让发热的头脑"降温"。人养成常反省、爱总结的好习惯，有助于锻炼自己的逻辑思维能力，从而扬长避短，少走"弯路"。严格来讲，善于反省和总结是一种快速发现问题、解决问题的好方式。

小明是一名大型钢企的业务员，曾经因为自己的错误判断给公司造成三百多万元的损失。但是令小明感动的是，领导没有追究他的责任，反而鼓励他要从错误中汲取教训，学会事事反省、总结，积累不再犯错的经验。

之前，小明没有总结市场的习惯，对自己下的决定也不进行反思，听了领导的话后，他决心每天、每周都进行总结。从此以后，小明每天记录自己的工作过程，对自己所下决定进行反省，还画出价格波动图寻找钢铁市场的规律。为了规避市场风险，他向许多同事请教，后来还把研究总结的范围扩大至其他方面，形成一个全方位的总结图。

之后几年，钢铁市场尽管波动很大，但养成总结习惯的小明没再做过一笔赔本买卖。他笑着说："是不断的总结帮了我的忙，另外我还要感谢领导，没有他们，我也成功不了！"现如今，小明已经是该钢铁公司的销售部长，他对下属经常讲要学会反省、总结自己的工作。

"取人之长，补己之短"也是一种总结方式。每个人都有自己的短处和不足，即便你一时没有犯错误，也并不代表以后都不犯错误。因此，为有效避免犯错，就要学会反省及总结。善于反省及总结，从中发现适用于自己的方法和方式。"他山之石，可以攻玉"讲的就是这个道理，即用他人的长处弥补自己的短处。

张鹏是某高科技公司的软件工程师。他的成功源自于他善于自省、总结以及借鉴他人的经验和教训。十年前，张鹏大学毕业后从事软件设计工作。虽然他学的是电子专业，但是课本里的东西远远不能满足软件编程工作的需求。因此，他拜了一个软件"高人"做师傅。

在当徒弟的几年中，张鹏谦虚谨慎，并且时常总结软件编程中遇到的问题。当师傅传授他一个新经验时，他都会用笔记下来。几年下来，张鹏不但掌握了软件编写的技巧，而且还记了数本经验总结笔记。之后，张鹏来到了另外一家有名的科技公司，此时他已经考取了高级程序员的证书，是一名很有经验的程序编写员了。

来到新公司，张鹏做的第一件事就是研究公司开发的每一个成熟的技术软件。他认为，好的软件是公司劳动成果的结晶，包含了成功和经验。平日，他除了认真向"高手"学习外，还不断总结，力求发现新问题。对于发现的问题，他一般都会进行检验、证明，渐渐地，张鹏成为一名资深软件工程师，其沉稳老练的工作作风，屡屡受到领导的表扬。

善于反省及总结能够快速且直接地提高个人能力。善于反省及总结的人能审时度势，跟得上时代的发展。善于反省及总结的人能找出新经验、新规律，然后用它们来改进自己的工作，保持高效的执行力。善于反省及总结还是一种鞭策力、一种习惯。一个人，只有善于反省及总结，才能少犯错误或不犯错误，从而在职场的道路上走得顺利，个人前程顺利发展！

顺境淡然，逆境泰然

在工作中，每个人都会遇到高潮和低谷。古语云：顺境淡然，逆境泰然。

人在顺境中，容易放松警惕，忽视对细节的检查。有些人以为胜利在望，于是心浮气躁，做事不认真，做出不理智的选择，掉进自己制造的"陷阱"中。正如人们常说的："容易自我满足而又得意忘形的人，最后等着他的只有失败！"

王强研究生毕业后，凭借其高超的电脑编程技术，进入了一家大型网络公司从事编程工作。由于他悟性高，技术能力强，公司领导对他十分信任，许多重点工程都交由他带头完成，不到两年，王强就已经成为公司的"王牌设计师"。王强的职场之路走得十分顺畅。然而也许是太顺畅了，王强放松了对自己的要求，开始骄傲自满，工作再不认真负责，干什么都以自己为中心，平日总有一些飘飘然。

两年后，王强被提名为软件设计部副总经理的人选，对于这个职位，许多人都在竞争。听到自己被提名，王强觉得："这是太正常的一件事了，如果我是领导，这样的人才我早就提拔了！"

临近评选，公司高层分别找人谈话，其中自然也有王强。王强好不得意，但任命下来后，坐上设计部副总职位的却是另外一个人。王强情绪十分低落，不断地问自己："到底怎么回事？"

其实原因很简单，公司领导认为王强骄傲自大，带团队会出现问题，因而经过综合考虑，放弃了他。

没有哪个领导会喜欢骄傲自满、自以为是的员工。一个人得意忘形时，容易出现工作态度上的松懈，与人沟通时不谦虚，难以长期稳定高效地履行职责。如此以往，不但影响工作，还会招人非议，影响整个企业的团结。由此可见，身在职场，保持一颗平常心很重要！

那么，怎样才能做到顺境淡然，逆境泰然呢？

（1）保持积极的心态。

一个人的心态很重要。消极的心态会让原本糟糕的境遇更加糟糕；积极的心态则有助于在逆境中发现改变的机会，从而抓住扭转局面的契机，走出困境。因此，优秀的员工应始终保持积极向上的心态，正确看待顺境与逆境，敢于迎难而上，大胆挑战自我。

（2）肯定自我。

身处逆境，更要肯定自身价值，千万不能自暴自弃。肯定自身价值，不断鼓励自己，就能重拾信心，找到摆脱逆境的方法。

（3）明确目标。

目标对于身处逆境的人就像一盏领航灯。每个人都有梦想，如何把梦想转化为现实，应有一个明确的目标。目标是催人奋进的第一步，也是最重要的一步。身处逆境，如何找到摆脱的方法——即暂时订立的目标，十分重要。

（4）直面困难，跨越困难。

困难是横亘在前行道路上的一座大山、一道看似难以逾越的坎。困难对于弱者无疑是灾难，而对于强者仅仅是一座要攻克的山头、一道要迈过的坎而已。因而如果把困境当成了无法挣脱的"牢笼"，就很难找到摆脱困境之路。敢于正视困难，就是敢于接受现实，敢于接受现实，才会有直面困难和跨越困难的勇气。

（5）敢于吃苦受累。

俗话说：吃得苦中苦，方为人上人。作为一个有理想、有抱负的员工，吃苦受累、卧薪尝胆是必经的阶段。人都会经历困境、逆境，但困境、逆境都是暂时的，苦尽自然甘来。

（6）控制消极情绪。

人在困境、逆境中不可避免地会产生消极情绪，如果任由这些不良绪持续笼罩着你，真正的"厄运"就会到来。因而遇到不顺时，要迅速转变思维，把消极情绪转化成积极情绪，乐观一点，心宽一点。困境、逆境并不可怕，只要奋力拼搏，困境、逆境就会过去！

不做 "职场拖拉机"

据调查，70%的职场人都会因各式各样的"力不从心"而成为"职场拖拉机"。不做"职场拖拉机"，关键是要提高主观能动性并拥有付诸实践的行动力。

工作拖拉、办事效率不高一直是某些人的通病，这类人俗称"职场拖拉机"。

很多员工成为"职场拖拉机"，原因各有不同：比如厌倦，厌倦会使一个人情绪低落，对自己手头上的工作毫无兴趣；比如牢骚，牢骚会让一个人变得懒惰、不思进取、拖拖拉拉；比如没有兴趣；比如没有责任心、感恩心；比如这山望着那山高；等等。人一旦成为"职场拖拉机"，就不可能高效率地做事，不可能充满热情地去工作，而是大多采取敷衍、"得过且过"的工作态度。

那么，怎样才能避免成为"职场拖拉机"呢？其实很简单，只需要两点：加强行动力，要做不要等！

加强行动力是提高执行效率、转变执行态度、培养良好执行习惯的开端，也是打开成功之门的"钥匙"。

一个企业需要的是行动力强、工作效率高的员工，而"职场拖拉机"大多会"拖后腿"，最终使团队出现不能"齐步走"的现象。

"拖拉机"们的行为主要表现在以下几个方面：

（1）逃避责任。

相互推诿责任是导致效率低下、做事得过且过的主要原因。推诿责任，不但会使一个员工丧失对企业的忠诚心，而且还会使人养成"遇事找借口、找理由"的坏习惯。

（2）随波逐流。

随大流，人云亦云也是"拖拉机"们的一个主要表现。

（3）得过且过。

得过且过是一种对自己、对企业极不负责任的表现，也是一种目光短浅的行为。

任何一个员工在工作中都应加强行动力，高效负责任地工作，并养成立即行动的好习惯。这样，不仅有利于个人发展，而且也能真真正正为企业创造效益。

还有些"拖拉机"总是等待。其实，等待永远不会等来机会，而机会也不会眷顾"守株待兔"之人。"实践出真知",业绩不是等来的,而是通过实践换来的。那些只说不做的人,到头来只能是"纸上谈兵",唯有经过努力拼搏的员工方能得到成功的眷顾。要做不要等,加强自己的行动力。机会永远只留给那些早早出发、早早付之行动的人。

实践是人实现梦想的唯一方式。梦想是一种动力,人要想将这种动力转化为行动力,须做好各种准备,不轻易放弃,不轻易后退。

要做"行动上的巨人",不要做"思想上的矮子",为了自己的梦想,加强行动力,不做"职场拖拉机",努力提高自己的能动性,高效执行没有借口。

努力做企业中的"佼佼者"

企业中主要有两种人：卓越者和平庸者。卓越者大多是能正视自己，敢于挑战自我，自动自发工作的人；平庸者大多是按部就班，只求做好，不求最好，不敢创新的人。毫无疑问，卓越者才是企业中当之无愧的"佼佼者"。一个员工应努力成为企业中的"佼佼者"，竞争中的成功者。

要想成为企业中的"佼佼者"，就要从以下几个方面做起：

（1）敢于尝试，无惧艰难。

有一只小鹰，被父亲带到悬崖边。父亲对它说："孩子，倘若你想要自由翱翔，现在就要试着展开翅膀！"小鹰试着伸了伸翅膀，但是感到一阵一阵的疼痛。父亲又说："不要怕痛，只有经历了痛苦的磨炼，你才能成为真正的飞行者。"

此后，经过不断的努力，小鹰不仅能够扇动翅膀，而且可以短暂地飞行了。又过了几周，小鹰的羽翼已经丰满，实现了自己的飞行梦想。

（2）自尊自爱。

屠格涅夫曾说："自尊自爱，作为一种力求完善的动力，是一切伟大事业的源泉。"

自尊自爱不是一种凌驾于他人之上的情感，而是企业必需的一种信心、一种文明、一种超越自我的动力。企业员工只有懂得自尊自爱，才能有长足的发展。

（3）做一个负责任的人。

责任感对于员工而言，不仅是一种使命，更是一种至高的职业道德。一个人肩负责任，意味着能够承担义务、敢于负责。要做一个负责任的人，把自己当成企业的"主人"。

（4）学会总结经验教训。

企业员工不仅常须从工作中积累经验，同时还要从失败中获得宝贵的教训，这些经历不仅能够有效地避免重复犯错，而且能够提高工作效率，发现创新机遇。

（5）坚决服从上级指令。

一名士兵，不仅要会打仗，而且必须坚持服从命令。因为一个不遵守上级指令的士兵，只会在战场上打败仗。作为职场人，应同士兵一样以服从命令为天职，听从上级指挥，按照上级的指令办事。

（6）好人缘是做事的基础。

好人缘是提升个人魅力的关键，是高效做事的基础。拥有好人缘，也就是团结了大多数人。拥有好人缘不仅须拥有一个好心态，更须低调做人，不骄不躁，热心助人，不计较个人得失。

好人缘就是要学会为他人"雪中送炭"，繁忙之中搭一把手；不说刺激他人的话；不为小利斤斤计较，懂得谦让；礼貌待人，讲究礼仪；能够站在他人角度思考问题，肯"吃亏"等等。拥有好人缘的人不仅能让人获得很高的评价，也能赢得他人的尊重，获得上级的青睐，使事业发展更加顺利。

（7）顾全大局，以企业利益为重。

企业中总有些看上去有点"傻"的人，他们"傻"卖力气，吃苦不说，受累不讲，处处以集体利益为重。

顾全大局，以企业利益为重是优秀员工所应具备的素质之一，也是做人有智慧的表现。在通常情况下，维护集体利益的同时也就维护了个人的利益。

（8）虚心学习，用心做事。

企业都喜欢"做事用心，做人虚心"的员工。一方面，这类员工是企业中的和谐分子；另一方面，这类员工总能通过虚心学习、用心做事，取得不俗的业绩。

（9）不要把自己当"圣人"。

"金无足赤，人无完人。"有优势必然就有不足、缺陷。一个人，总认为自己什么都行，实际上是把自己排除在集体、团队之外。

（10）学会取舍很重要。

学会取舍在工作中非常关键，有时甚至会决定一个人的命运。机遇对于一个人来说，抓住了，就抓住了，没抓住，机会瞬间就会溜走。因此，聪明的员工在取舍上要善于抉择！

拿得起，放得下

老子曰："名与身孰亲？身与货孰多？得与失孰病？是故甚爱必大费，多藏必厚亡。知足不辱，知止不殆，可以长久。"老子这段话阐明了，正确对待得失是一种正确对待人生的态度，即有望得到时去努力，无望得到时也不要太过挂怀。人要学会知足、知止，拿得起，放得下。

有人会问：付出一定会有回报吗？答案是肯定的。

曾经有一个老和尚，年逾八十，整日"晨钟暮鼓、诵经传道"。有一次，一个职场失意的年轻人来到寺庙烧香。他表情肃然，烧完香后，请求老和尚为他算一卦。

老和尚问年轻人："为什么要算卦？"

年轻人说："我想知道未来的工作会怎样。"

老和尚微微一笑，对年轻人说："你心中很乱。"

年轻人点点头。

老和尚继续说："其实你可以不要过于在乎结果，你很年轻，年轻就是你的资本，好好把握吧！"

老和尚送给年轻人三句话：

得到你该得到的，拥有你该拥有的，失去的就让它失去吧。

年轻人回去后，听从老和尚的劝导，"修行"多年，最后成为公司的经理。

工作上的得失，大多是名利之类，人若只重视名利、追逐名利，最终也只会被名利拖进"深渊"。

美国前总统布什曾说："你必须接受这样的事实，你不可能什么事都会做，只要学会把你的精力集中到你能改变的事情上，就可以了，千万不要为那些你不能改变的事情担忧。"这不仅适用于人生，同时也适用于工作。

拿得起、放得下，是一种处事的智慧，千万不要因"得不到"而痛悔懊丧。很多人认为自己付出太多，却得不到荣誉、职位、涨薪等，于是纠结、烦闷，有些人甚至以"不干"威胁企业。这都不是正常的工作心态。工作与人生一样，要拿得起、放得下，努力工作是应该的，工作了，努力了，仍然没得到表扬，那就再加一把劲，继续努力。因为人的努力是要体现人生价值的，而人生价值是不能总以金钱衡量的。

拒绝诱惑

工作中有各式各样的诱惑，每面对一次诱惑就意味着进行一次艰难的选择。面对诱惑时，首先要清楚自己想要的是什么，接受诱惑是否符合自己的为人处世原则及底线，然后根据这些再权衡。

诱惑之所以称为"诱惑"，是因为"诱惑"有着高度的吸引力，特别是许多"诱惑"还掺杂了大量的利益，让人很难拒绝，但是要明白，有时候"小利"唾手可得，可是付出的代价是巨大的。

有这样一则寓言：

从前，两个饥饿的人得到了一位长者的恩赐：一根鱼竿和一篓鲜活的鱼。一个人选择了那根鱼竿，另一个人要了那篓鱼。得到鱼的人就在原地用干柴架起篝火煮起了鱼，他狼吞虎咽，转瞬间，就连鱼带汤吃个精光。不久，他饿死在空空的鱼篓旁。另一个人则提着鱼竿继续忍饥挨饿，一步一步艰难地向海边走去。看到蔚蓝色的大海时，他精神为之一振，用仅剩的力气钓上了一条大鱼。他不但没有饿死，而且还得到了更多的鱼，丰衣足食，过上了幸福的生活。

只顾眼前利益如同杀鸡取卵、饮鸩止渴。眼前利益是一个人工作发展的障碍，目光长远的人会选择"绕行"，只有目光短浅的人才会急切地把它"捡"起来。

小兵算是部门里的"元老"了。在部门里，他主要负责产品的销售推广工作。十余年来，小兵一直兢兢业业、任劳任怨，虽然没有突出的成绩，也没能有个一官半职，但是公认的"老实人""踏实人"。随着公司规模的扩大，领导对小兵的岗位进行了调整——他成了一名驻外销售员。小兵是个适应能力很强的人，很快就适应了驻外生活。

有一次，小兵的一个老同学来到了小兵的驻地。老同学选择了一家五星级酒店见面，小兵觉得有些奢侈，说道："咱俩见面就是叙叙旧，在这里吃饭是不是有点浪费啊？"

老同学说："我请你，你怕什么？"

两人聊天之后，小兵得知自己的这个老同学发了财，不仅在上海买了高档住宅，而且准备出国定居。小兵羡慕不已，一个劲地问："你到底怎么发的财，也向我传授点秘诀？"

他的老同学说："脑子一定要灵，一定不要放过眼前的机会！"然后滔滔不绝地讲起了自己拿回扣、收礼的事。

小兵回到办事处，几乎一宿未睡。他想：为什么别人发财，而我却只能过苦日子？难道我就没有发财的机会吗？思来想去，他把目光对准了自己的工作：别人能吃回扣，我为什么不能？小兵的内心开始失衡，为了利益这块"蛋糕"，为了能过上"好日子"，他决定不再"老实做人"了。

小兵利用手头上的资源，从其他公司购进劣质产品代替自己公司的产品，以次充好。他也不再拒绝供货商给的回扣，在出售本公司产品时也要求相应的回报。两年不到，小兵"发"了，不仅买了车，买了房，而且经常出入一些高消费场所。

但是没有不透风的墙，上司审计时知道了小兵的事。公司经过仔细调查，掌握了小兵贪拿的证据。最后，小兵不但丢掉了工作，而且还被公司起诉。小兵十分后悔，贪图眼前利益让他丢掉了自己的职业和前途，实在是得不偿失。

人寻找机会，只要是正确的，就要努力把握；有些选择，虽然可以改善目前的状态或满足自身的部分需求，但不利于长远的发展，这种"诱惑"就坚决不能接受，不能"捡了芝麻丢了西瓜"，当然，更不能做以身试法之事。

王毅在一次面对猎头公司的推荐时就做了一个十分明智的选择。

王毅是专门从事技术研发的工程师。一次，他接到猎头公司的电话，说是有一家规模相当的企业目前有一个职位空缺，问他有没有换工作的打算。王毅之前的确有过换一个工作环境的想法，在经过与猎头公司的初步沟通后，王毅觉得，虽然这个职位在月薪收入上有所增加，但在技术研发资金和人员投入，以及管理权限上，还是现在的公司更有吸引力和发展前景。他最终回绝了对方，选择继续留在现在的公司。

后来发生的事情证明王毅的选择是正确的。半年后，公司亚太总部调整战略，计划加大研发力量，要派两个人到亚太研发中心学习交流，其中一个就是王毅。由此想见，未来王毅在公司为他提供的这个平台上一定会有更大的职业发展空间，当然也会有更高的薪酬福利待遇。

工作靠的是脚踏实地的努力，对于"诱惑"要有正确的判断，要学会识别，理智对待，切莫只顾眼前小利而舍弃了自己的大好前途。

"不要因洒落在路上的金币而延误赶往金山的时间！"西方哲人的这句话警示职场中的人们：要学会拒绝眼前的诱惑，千万不要因小失大。

最大程度实现自我职业价值

　　企业员工在工作中要最大化地体现自我的价值，只有如此，才能获得更多更好的机会，进而实现自己的价值。当然，工作价值的大小取决于他为企业所做贡献的大小，换句话说，一个人的贡献越大，其工作价值就越大，对企业的影响力也就越大。

　　（1）无条件地服从命令是实现自我职业价值的第一步。

　　工作的前提就是要无条件地服从命令。服从命令是每个员工的第一课，也是须终身学习的课程。军人以服从军令为己任，员工以服从上司指令为己任。因此，想体现自我价值，首先要服从命令。

　　小孙是软件工程师，开始时不适应紧张快节奏的工作，尤其对服从上司命令极为反感。

　　上司总是布置一些看上去"不切合实际"的工作，而小孙遇到困难就后退或放弃，还总以自己的兴趣为出发点，所以自始至终没能完成上司交给他的任务。小孙的同事小李则克服种种困难，不懂就问，不会就学，无条件地按上司的指令去完成工作。最终小李被提拔为部门经理，而小孙只好辞职。

其实，并不是任务有多难，而是小孙对待工作的态度出了问题。上司交代的工作，下级不照办，完不成发牢骚，这是不服从管理的典型表现，也是未能摆正身份、位置的表现。

（2）实现自我职业价值，积极的心态很重要。

好心态须培养。拥有成熟、积极心态的人，不仅能够平衡工作中的利益得失，而且总能找到体现自我价值的最佳途径。乐观、积极的人能在各种磨砺中，明确自己的价值所在，不断付诸努力，最终实现自己的梦想。心态消极的人，则容易悲观、消沉，看不到自己身上的长处，总是否定自己，最终离自己的梦想越来越远。

（3）良好的职业形象，是实现自我职业价值的方式之一。

良好的职业形象包括穿着、谈吐、举手投足。良好的职业形象是工作价值的一部分。比如，穿着得当、精神焕发的人总比衣着邋遢、无精打采的人获得更多人的认可；比如，一个懂礼貌、乐于助人的人总比自私自利、斤斤计较的人有更多的发展机会。

（4）加强自身学习，把能力发挥到极致。

加强自身学习是提高工作竞争力的必要手段。人只有通过不断

"充电"，掌握新知识、新技能，充分发掘自身的潜能，才能高效地完成工作，实现自身的职业价值，从而保证自己在职场中立于不败之地。

明明在一家竞争激烈的企业从事市场策划工作，打开西班牙市场是公司新制订的发展规划。明明的英语虽然不错，但是面对西班牙客户却一筹莫展。为了公司的利益和自身的发展，明明在业余时间报了西班牙语学习班。

功夫不负有心人，明明通过努力学习掌握了西班牙语。他边学边实践，开始运用西班牙语与西班牙客户进行沟通，并先后设计了几个方案，帮助公司拓展了西班牙市场，提高了出口收益额。后来，公司聘任他为欧洲区销售副总监。

"活到老，学到老。"人只有不断加强学习，把自己的能力发挥到极致，才能成为"好用"及"有用"的人。而这样的人到企业中去，才会更受欢迎，更能受到重用。

（5）坚持不懈，有远大的理想。

一个有理想的人才有可能走向成功。但"有远大的理想"须"坚持不懈"，只有这样，才能更好地实现自我价值。

坚持不懈不仅是一种实现理想的方式，更是一种正确的态度。只有通过自己坚持不懈的努力，才能最终实现"金子般"的理想。

正确对待竞争对手

竞争对手在工作中很常见，很多人讨厌竞争对手，认为竞争对手给自己带来的压力和阻力都很大，特别是有些竞争对手还会制造矛盾，使自己的工作量加大，挑战自己的抗压程度。

有人就会有竞争。真正的高效执行者，会感谢竞争对手时时施加的压力。正是这些压力，让他们有了想方设法战胜困难的动力，进而在激烈的竞争中，始终保持着一种危机感。

在某大城市，许多电器经销商都在明争暗斗，进行激烈的市场较量，在彼此付出了很大的代价后，张、李两大经销商脱颖而出，成为最强劲的竞争对手。

有一年，张总为了增强市场竞争力，采取了极度扩张的经营策略，大量收购、兼并一些小企业，并在各市县发展连锁店，但由于实际操作中有所失误，造成信贷资金比例过大，经营包袱过重，其市场销售业绩直线下降。

此时，许多人纷纷提醒李总，这是主动出击、一举击败对手、独占该市电器市场的最好时机。

李总却微微一笑，始终不采纳众人的建议，而且还在张总最困难的时刻，出人意料地主动伸出援手，拆借资金帮助张总渡过难关。最终，张总的经营状况日趋好转，并一直给李总的经营施加压力。很多人都嘲笑李总心慈手软，说他是"养虎为患"。可李总丝毫没有后悔，只是殚精竭虑，四处招揽人才，并以多种方式调动手下的人拼搏进取，一刻也不敢懈怠。

就这样，李总和张总在激烈的市场竞争中，既是朋友又是对手，彼此绞尽脑汁地较量，双方各有损失，但各自的收获也都很大。多年后，李总和张总都成了当地赫赫有名的商业巨子。

没有压力，人的潜能就会逐渐退步，动力也会慢慢消减。最终，人会变得事业消沉，生活散漫，人生越来越暗淡。

"让对手使自己更加强大"，实践证明是可行的。

一位动物学家在考察生活于非洲奥兰治河两岸的动物时，注意到河东岸和河西岸的羚羊大不一样，前者的繁殖能力比后者强，而且奔跑速度每分钟要快 13 米。

动物学家感到十分奇怪，既然环境和食物都相同，何以差别如此之大？为了解开其中之谜，动物学家和当地动物保护协会进行了一项实验：在两岸分别捉 10 只羚羊送到对岸生活。结果送到西岸的羚羊发展到 14 只，而送到东岸的羚羊只剩下 3 只，另外 7 只都被狼吃掉了。

谜底终于被揭开，原来东岸的羚羊之所以身强体健，是因为它们附近有一个狼群，这使羚羊天天处在一个"竞争氛围"中，为了生存下去，它们变得越来越有"战斗力"。西岸的羚羊长得弱不禁风，恰恰是因为缺少天敌，没有生存压力。

在工作中，要正确对待竞争对手，为自己找一个竞争对手随时"盯住"自己，使自己不至于因散漫而消沉，使自己时刻保持警惕心、危机感，从而更加敬业地工作，高效执行，创造效益。

要敢于"拼一拼"

在企业中，很多员工自以为很聪明，能少干就少干，能不干就不干，认为这样就能少出错，不出错，而大事不犯，小错没有，就能避免很多不必要的麻烦。这样做当然无可厚非，但一直这样做的话，他们永远只能停留在原地，不会有所突破。实际上，如果他们敢于冒险、敢于创新，也许人生就会是另一番模样。

一个优秀的高效执行者不仅工作出色，同时也敢于"拼一拼"。

当然，"拼一拼"并不等于鲁莽、轻率。许多人什么都不会硬充自己是内行，这就是鲁莽。还有些人不做好安全准备，就去冒险蛮干，这就是轻率。"拼一拼"是对工作适度冒险，是对事情多方考察后采取的态度，是提高工作效率的一种手段。

有人说，敢于第一个吃螃蟹的人是了不起的！

吉列特生于美国，在德国长大。26 岁时，他来到纽约，选择了钢材原料与工具的进出口贸易作为自己的奋斗行业。吉列特所从事的行业充满风险和危机。变幻莫测的钢铁市场行情常使从业者寝食难安！

但吉列特"初生牛犊不怕虎"。他说："这种与钢铁有关的买卖的发展需要很长的一段时间才能见到效果，这需要从业者有良好的心态和不放弃的精神。这个行业长久以来一直为厂商所垄断，像我这种'外来人'要想分一杯羹，可以说是难上加难。但是，我想，任何事都是人做出来的，自己觉得行，就必须冒险一搏，即使失败了也会积累经验。"

"冒险一搏"，是吉列特的勇气与毅力的来源，其公司的建立便是根植在这种积极的心理基础之上的。

吉列特扩大营运规模，大大小小的钢铁制品他都亲自负责购进购出。一年中，他至少有一半的时间在外奔波，忙于寻找新客户、拓展新市场，并在投资与经营手段上连连使出冒险妙招，使公司的业务量直线上升。许多年里，他一直过着一个星期工作 6 天、一天工作 12 小时的生活，辛劳远超常人，但他仍然干劲十足。

到 20 世纪 50 年代末，吉列特的公司已成长为每年有 1000 万美元业务的大企业，他个人一年的平均所得达 40 万美元之多。

吉列特的冒险精神，使他走向了成功。

的确，有时，你的冒险会失败，但有时也会使公司扭亏为盈；有时，你的冒险打不开新的市场，但有时也会开辟出一条新的市场线；有时，你的冒险结果是一无所有，但有时，也会发现新的商机……所以，大胆"拼一拼"吧，即使失败，也是对自己的历练。优秀的员工会因为冒险、"拼一拼"而变得更加成熟，更加稳重。

创新精神不可少

　　不要担心自己没有创新能力，创新能力与其他能力一样，是可以通过学习、训练激发出来并在实践中不断提高的。人人都能创新。

　　一个人若想改变当前的境遇，就必须不断创新。只有锐意创新，成功才会降临。

　　你是否毕业多年还是人微言轻的底层员工？你是否想过改变现状？也许你曾经想过，但是苦于找不到出路。那么，改变思维吧，看看创新能否改变你的现状。只要勇于创新，在重复、枯燥的工作中发现新的方法、新的创意、新的竞争点，成功迟早会降临到你的身上。相反，如果你一直墨守成规，在原地踏步，那么就永远不可能成功。

　　我们先来看一个案例：

　　日本有一家科技公司，一段时间里，公司上层发现员工一个个萎靡不振，面带"菜色"。经多方打听后，了解到员工压力较大，于是上层采取了一个简单而别致的减压方法——在公司后院中用圆润光滑的小石子铺成一条石子小道，每天上午、下午分别抽出 15 分钟时间，让员工脱掉鞋在石子小道上随意行走。起初，员工们觉得很好笑，也有一些人觉得赤足很难为情，但时间一久，员工们便发现了它的好处。原来这是极具医学原理的物理减压法，通过行走起到了按摩的作用，员工们的精神也放松了。

好创意本身就是财富。

一个年轻人看了报道，有了新的思路。他选取了一种略带弹性的塑胶垫，将其截成长方形，然后将老家的小河滩上光洁漂亮的小石子铺在上面。小石子经过打磨切割，切成大小等同的样子，然后将光滑面一粒粒稀疏有致地粘在塑胶垫上。干透后，他先上去反复试验感觉，修改了几次后，确定了样品，然后就在家乡开始批量生产。后来，他又把它们确定为好几种规格，产品一生产出来，他便尽快将产品鉴定书等手续一应办齐全，然后在一周之内就给能代销的商店全部上了货。将产品送进商店只是完成了销售工作的一半，另一半则是要把这些产品送到顾客眼前。随后的半个月，他每天都派人去做免费推介。商店的代销稳定后，他又开拓了一项上门服务：为大型公司在后院中铺设石子小道；为幼儿园、小学在操场边铺设石子乐园；为家庭装铺室内石子过道、石子浴室地板、石子健身阳台等。一块块本不起眼的地方，一经装饰便成了一个个小小的减压区、游乐区。几年后，他又将单一的石子变换为多种多样的材料，如七彩的塑料、珍贵的玉石等，以满足不同人士的需要。

小石子减压法就此铺就了"赚钱之路"。

创新就是在已有的知识经验上，努力探索尚未被认识的事物、规律，从而为实践活动开辟新的领域，打开新的局面。没有创新能力，没有勇于探索的精神，人只能停留在原有水平上，所从事的事业也会陷入停滞，甚至倒退的状态。

创新不是科学家、发明家的专利，人人皆可创新。所以，你须做的就是不断培养并激发自己的创新能力，多一些创新思路，多一些创新实践，从而走向成功。

积极进取，成为不可替代之人

人容易懈怠，懈怠是进取的"天敌"，工作中懈怠，要么不进则退，要么问题连连。

进取，是在工作中不断地发展自己，丰富自己的阅历，努力获取新的知识，思考新的问题，换句话说，就是不能满足于现状，要不断挑战自己，不断超越自己，不断给自己树立新的目标。

进取是一种极为珍贵的美德，它能让我们在工作中化被动为主动。

张花先后当过工人、车间调度、公司办公室收发兼档案管理，这些工作都是"含金量"不高的工作，但张花每干一样，都尽心尽力、任劳任怨。近年来，公司不景气，要进行机构改革与调整，张花意识到自己年龄大、学历低，又无专长，随时可能被辞退。但是她没有懈怠，而是积极进取，决心在短期内掌握一技之长。

之后，张花利用业余时间学打字，这对 40 多岁的她来说很不容易。经过大半年的刻苦学习，她的录入速度提高到每分钟 50 字，而且准确率相当高，几乎可以不用校对了。一次办公室打字员病了，领导急需打印文件，张花接过来，很快打了出来，同时还进行了校对。领导看到后大为赞赏。

不久，张花被聘为办公室打字员，而那位比她年轻十多岁的打字员因速度、效率不及张花，无可奈何地下了岗。

人皆有惰性，容易不思进取。工作中遇到困难是常事，员工要想在激烈的社会竞争中不被淘汰，需要危机意识，有进取精神，这样可以未雨绸缪，多学习一点生存的技能与智慧，进而在企业中立于不败之地。

拿破仑·希尔认为："进取心是一个成功人士必须具备的品质。当一个人失去进取心时，他周围的一切都将失去光芒。"

所以，人要克服懈怠的毛病，积极进取，争取成为企业中不可替代之人，而在进取的过程中，你会惊喜地发现，进取所获得的收获绝对比在原地踏步要多得多。

面对失败不气馁

在工作中，面对挫折和失败，如果不能昂首挺胸，正确对待，人就会一蹶不振，灰心丧气，怀疑自己的能力，对自己走出困境缺乏信心。所以，面对挫折和失败，一定要乐观积极，这才是正确的心态。

那么，怎样在面对挫折和失败时保持乐观的心态呢？

（1）坦然面对挫折和失败。

生活中有欢乐，也有痛苦；工作中有成功，也有失败。失败是一件很平常的事情，失败并不能说明你是无能的，造成失败的原因有很多，也许是计划上的漏洞，也许是时机上不成熟，也许是大意疏忽。一旦失败，首先要学会理智地面对失败，这样在困境中才不会茫然失措、无所适从。敢于面对和承认失败的人才是思想成熟、心态积极之人。

（2）在失败中寻找成功的希望。

"跌倒了再站起来。"这是成功者的成功秘诀。人要想真正战胜失败，就要学会正视失败，从中吸取教训，扭转不利局面，减少损失，争取下次不再犯同样的错误。那些在失败的"泥潭"中站不起来的人，是无法把握未来、实现命运的转折的。

要坚信"失败乃成功之母"，若每次失败之后都有所"领悟"，把每一次失败都当作成功的前奏，那么就能化消极为积极，变自卑为自信，从而找出方法，扭转失败的局面。

（3）坚定信念，不因挫折而放弃追求。

很多人一遇到行动上的阻力便会退缩。这是意志力薄弱的表现。人如果缺少成功的信念，就不会坚定向前。因此，面对前行中的"陷阱"、挑战时，一定要拥有坚定不移的信念，失败时，千万不能气馁，要鼓励自己，坚忍不拔，不因挫折而放弃追求。

（4）自我调整，走出失败阴影。

失败不是最终的结果，只是一种暂时的局面。当事情"搞砸"的时候，不要立刻为自己贴上"失败者"的"标签"。因为，自认是"失败者"，不但会给自己造成巨大的心理压力，还会限制自己潜能的发挥。

如果失败了，不妨对自己说："没什么了不起的，这只是'拦路石'而已，找准'翻盘'的点，也许我就走出困境了。"

　　生活中不完美的事情很多很多，工作中遭遇失败和挫折也是每个员工经常面临的问题。失败不气馁、挫折中奋起，是优秀的员工处理失败和挫折的最佳方法。

善于管理时间

哈伯德先生在其著作中指出，善于为时间立预算、做规划，是管理时间的重要战略，是高效工作的第一步。优秀的员工在高效执行时应以明确的目标为"轴心"，对自己的工作做出规划并决定完成目标的期限。

有的人似乎一天到晚都很忙，常常加班。这些人天天喊忙，时时喊累，但工作效果不理想。那么高效工作的关键在哪儿呢？其实在于工作计划的拟订。拟订周期工作表是件非常重要的事。

我们可以拟订工作计划表，让自己的工作流程、同事的活动、上司的预定计划、公司的整体动向等一目了然。当然，拟订计划，也包括对"预算"的检查督促。我们要经常检查某一短期目标是否已如期完成。我们也可以记工作日志，或将完成每件事所花的时间记录下来。

当然，还有一件事情须特别注意，那就是在周日的晚上必须为下周马上要开始的工作预作心理准备。如果等到下周一早上再来花时间订计划的话，那就太迟了。

人们之所以忙得不可开交，除了外在原因，究其根本是因为时间安排不当。这种做法，容易导致工作效率低下。因此，及早准备是快速高效完成工作的保障。

当然，在拟订工作表时，要设定工作时间、休闲时间、与家人沟通的时间等，这样不但可以减轻日常生活的紧张压力，而且能够使人在工作中涌现出新的活力，同时做到处事有条不紊、高效率。

善于解决问题

从某种程度上讲，员工解决问题的能力可以反映出员工的情商和智商。一个高效的执行者，一定是解决问题的高手。法国的物理学家朗之万在总结读书的经验与教训时曾深有体会地说："方法的得当与否往往会主宰整个工作过程，它能将你推到成功的彼岸，也能将你拉入失败的深谷。"

在高效执行者的眼中，问题并非是"洪水猛兽"，而只是前进途中的正常现象，他们相信凡事必有方法去解决。事实也一再证明，看似困难的事情，只要用心找到方法，必定能够顺利解决。

瑞士手表"称霸"世界100多年。后来，日本研制出性能良好的"西铁城"手表，向"钟表王国"发起了挑战。

但刚开始的时候，"西铁城"手表并不受人赏识，根本无法动摇瑞士手表"全球霸主"的地位。日商为此专门召开销售会议，商量对策。与会者献计献策，终于有人想出了一个大胆的方案。

不久，"西铁城"通过新闻媒介发出一条令人咋舌的消息，某时将有一架飞机在某地抛下一批手表，谁捡到就归淮。这条消息在社会上引起了巨大的轰动。有人惊喜，有人好奇，也有人怀疑。但越是令人好奇、怀疑的东西，人们越要探个究竟，所以人群潮水般地涌向指定地点。

时间到了，只见一架直升机飞临人群的上空，盘旋片刻后，在百米高空向人群旁的空地上洒下一片"表雨"。期待已久的人们立即奔上去捡表。他们在惊喜之余发现"西铁城"手表从空中丢下后，居然还在走，连外壳都未受损害，不禁发出了一阵又一阵的惊呼声："这种表真是精良耐用，名不虚传。"

接着，电视台又播放了这次抛表的实况录像。很快，"西铁城"表就震整个钟表界。

"西铁城"的员工们着实是善于动脑筋找方法的高手，他们的做法和所取得的成果向人们证明了：方法总比困难多，只要用心找方法，困难就一定能克服。

工作中出现的问题并不总是一样的，有的非常棘手，甚至即使你想了许多办法，却仍无法解决。于是你可能便认为"已到极限"或是"已经尽力"，再努力也没用。但当你真正经过一番努力奋斗后，你就会知道所谓的"难"，其实是因为自己有"心灵桎梏"。只要不断努力，摆脱"桎括"，你寻找到有效方法的潜能就会越来越大。

在面对困难时，可以采用优选的方式去解决。

日本的火箭研制成功后，科学界选定 A 岛做发射的基地。经过长期准备，进入可以实际发射的阶段时，A 岛的居民却群起反对火箭在此地发射。全体技术人员反复与岛上居民谈判、沟通，以寻求他们的理解。可是，交涉一直陷于僵局，虽然最后终于说服了岛上的居民，可是前后花费了 3 年的时间。

后来，大家重新检讨这件事时，发现火箭的发射地并不是非得在 A 岛。可是此前，却从来没有人发现这个问题。如果把火箭运到别的地方，那么，3 年前早就发射成功了。由于太执着于如何说服岛上居民这一问题，所以他们连"换个地方"这么简单而容易的方法都没有想到。

在工作中，类似的例子屡见不鲜。销售经理经常对业务受挫的推销员说："再多跑几家客户！"上司常对拼命工作的下属说："再努力一些！"但是这些建议都有一个问题，那就是并没有提供给下属切实可行的方法指导，如果销售经理让推销员掌握了推销技巧，如果上司让下属了解到该如何努力，他们的工作就不会长期不见起色。

优选方法也就是灵活处事。此路不通换条路，"条条大路通罗马"。从下面这个故事中，我们可以看到主人公是怎样用优选方法来完美解决问题的。

一次，一家贮藏水果的冷冻厂起火，等到人们把大火扑灭，才发现有18箱香蕉被火烤得有点发黄，皮上还沾满了小黑点。水果店老板便把香蕉交到鲍洛奇的手中，让他降价出售。那时，鲍洛奇的水果摊摆在杜鲁茨城最繁华的街道上。

一开始，无论鲍洛奇怎样解释，都没人理会这些"丑陋的家伙"。无奈之下，鲍洛奇仔细地检查那些香蕉，发现它们不但一点都没有变质，而且由于烟熏火烤，吃起来反而别有风味。他想到这些香蕉来自阿根廷，于是一个主意产生了。

第二天，鲍洛奇一大早便开始叫卖："最新进口的阿根廷香蕉，南美风味，全城独此一家，大家快来买呀!"当水果摊前围拢的一大堆人都举棋不定时，鲍洛奇注意到一位年轻的小姐有点心动了。他立刻将一只剥了皮的香蕉递到那位小姐手上，说："小姐，请你尝尝，我敢保证，你从来没有吃过这样美味的香蕉。"年轻的小姐一尝，香蕉的味道果然独特，价钱也不贵，于是便买了一些。鲍洛奇一边卖一边不停地说："只有这几箱了。"人们纷纷购买，18箱香蕉很快销售一空。

鲍洛奇用他的聪明头脑向人们演绎了一出精彩的"创意推销剧"，

"丑陋"的香蕉在他的手里瞬间成为具有南美风味的"奇物",其根本原因就在于他善于从困难中寻找突破口,并且积极地将自己的创意运用到实践中去。

在工作中,要想做到高效,不仅需要良好的工作态度和敬业精神,需要刻苦和勤奋,还需要掌握科学的方法来面对问题、解决问题。

跟上企业的发展脚步

随着知识更新速度的加快、就业竞争的日趋激烈，人们赖以生存的知识、技能，也会随着岁月的流逝而不断地"折旧"。美国国家研究委员会的一项调查发现：半数以上的劳动技能在短短的 3 ~ 5 年内就会因为跟不上时代的发展而变得无用，而以前这种技能"折旧"的期限则长达 7 ~ 14 年。

现代社会，职业的"半衰期"越来越短，员工若不继续学习，就会跟不上行业的发展脚步。

因此，企业为了生存，为了赢利，为了发展壮大，要求员工在工作中跟上企业的发展脚步，"勤换思维"。

在工作中，企业需要的是主动"转换思维"去适应社会、适应环境的员工，而那些面对知识"折旧"越来越快、信息量日趋膨胀的员工，如果不知学习，不去更新自己的知识结构，不能及时转变自己的思维观念，则很有可能很快被企业所"抛弃"，被社会所"淘汰"。

人作为高级动物，最大的特点就是会学习、会思考。美国著名企业家艾柯卡之所以能够成功，就在于他时刻铭记刚参加工作时分公司经理对他说的话："你要记住，马更有力气，狗更忠诚。你作为人类的唯一长处就是你有一个智慧的头脑，这是你唯一能超越它们的地方。"

某白酒厂员工铁亮爱动脑筋，公司根据他的这个特点派他去推销库存的白酒。铁亮看着库房中堆积成山的成品酒，心中盘算：这是百年酒厂，素以质量取胜，而今大量滞销，是因为产品已不适销，特别是主要市场——郊区（县）消费水平正在不断提高，人们饮酒的口味发生了变化，但其他一些较偏僻地区的白酒市场却有待开发。于是，铁亮果断地带上 10 箱白酒，去往多个偏僻之地。铁亮每到一地，都会在打通主批发渠道后，将带来的酒瓶商标送给各小饭馆、旅店、零售店做张贴画。接着他又跑到各商店里，在人家的烟酒柜台上摆放一些美观的玻璃容器，然后往里面注满甘洌的白酒，顿时酒香满堂。许多消费者十分好奇，争相购买，于是各销售网点纷纷向批发商进货，白酒一时供不应求。

公司领导很快了解到了这些情况，立即任命铁亮为该地的销售经理，负责这一地区的白酒销售。

这个案例说明：善于转变观念才能跟上企业发展的脚步。很多时候，只有转换思维，才能做出让同事佩服、让领导赏识的事，从而脱颖而出，获得更多的职业发展机会。

此路不通就换条路走

在古罗马时代，一位有名的预言家在一座城市的广场上设下了一个奇特难解的结，并且预言，将来解开这个结的人必定是亚细亚的统治者。众人都非常相信预言家的话，但是，此后很长的一段时间内，有许许多多的人来尝试解开这个结，都一无所获。

当时，身为马其顿将军的亚历山大也听说了这个预言，当他率领士兵进驻到这个城市后，独自一人骑着马来到这个广场上。他想尽办法试图解开这个结，一次又一次，可是他都失败了，这令他有些恼火。

几个月过去了，亚历山大认为自己已经做好了充分的准备。他又一次来到这个广场，用他考虑了很长时间的那些方法，去解那个结，可是他还是失败了。亚历山大久经沙场，战无不胜，想不到却被这一个小小的死结给难住了，他气愤至极，恨恨地说："我再也不要看到这个结了。"

说罢，他抽出佩剑，将那个死结砍成了两半——结终于被打开了。不久，亚历山大统治了整个亚细亚。

亚历山大挥剑砍断"罗马结"的例子给了我们这样一个启示：解决问题的关键不在于问题本身，而在于人有没有首先解开自己心中的"结"。也就是说，对待问题，观念要更新，思维要灵活，此路不通就换条路走。

张刚在一家广告公司做文案策划。一次，一个著名的洗衣粉制造商委托张刚所在的公司做广告宣传，负责这个广告宣传的好几位文案创意人员拿出的策划案都不能令制造商满意。经理只好让张刚把手中的事务先搁置几天，专心完成这个创意文案。

接连几天，张刚在办公室里抚弄着一整袋的洗衣粉想："这个产品前几代在市场上就已经非常畅销了，以前的许多广告词也非常富有创意。那么，我该如何重新找到一个点，做出既与众不同，又令人满意的广告创意呢？"

有一天，张刚在苦思之余，把手中的洗衣粉袋放在办公桌上，又翻来覆去地看了几遍，后来又找了一张报纸铺在桌面上，撕开洗衣粉袋，倒了一些洗衣粉出来，一边用手揉搓着这些粉末，一边轻轻嗅着它的味道，寻找灵感。

突然，在射进办公室的阳光下，张刚发现洗衣粉的粉末间遍布着一些特别微小的蓝色晶体。仔细观察一番后，证实的确不是自己看花了眼，他立刻起身，亲自跑到制造商那儿问这到底是什么东西，得知这些蓝色晶体是一些"活力去污因子"，正因为有了它们，这一次新推出的洗衣粉才会具有超强洁白的效果。

了解到这一情况后，张刚便从这一点入手，写下了自认为最好的创意文案，广告推出后，果然大获成功。

有句很有哲理的话是这样说的："与其诅咒黑暗，不如点起一支蜡烛。"这里的"蜡烛"其实指的就是转换思路，找到更好的解决方法。诅咒和抱怨，不去行动，什么也改变不了，而逃避和夸大则会增加问题解决的难度。

当你走在路上，眼看就要到达目的地了，这时面前突然出现一块警示牌，上书四个大字："此路不通"这时你会怎么办？

有人选择仍走这条路，大有"不撞南墙不回头"之势。结果可想而知，他只能站在不能前行之路上发呆，不知道下一步如何走。这种人往往在工作中因"一根筋"而多次碰壁，既消耗了时间和精力，又无法将工作效率提高，结果做了许多"无用功"。

有人选择驻足观望，先看看别人是怎样做的。这种人在工作中常常因懦弱、优柔寡断而丧失机会，业绩没有进展不说，还会留下无尽的遗憾。

还有一种人，他们会毫不犹豫地调转方向，去寻找另外一条路。也许会再次碰壁，但他们仍会不断地尝试，直到找到那条可以到达目的地的路。这种人是真正的勇者与智者，他们懂得变通，会去寻找解决问题的办法，并且不被一个方法"捆住"，往往能够取得卓越的业绩。

"此路不通"就换条路，"这个方法不行"就换种思维方式，这应该成为每一位员工的工作理念。

某地由于一些工厂排放污水，很多河流污染严重，以至于下游居民的正常生活受到了威胁，环保部门每天都要接待数十位满腹牢骚的居民。环保部门联合有关部门决定寻找解决问题的办法。

他们考虑对排放污水的工厂进行罚款，但罚款之后污水仍会排到河里，不能从根本上解决问题。这条路，行不通。

有人建议立法强令排放污水的工厂在厂内设置污水处理设备，本以为这样做问题就可以彻底解决了，却在法令颁布之后发现污水仍不断地排到河里。而且，有些工厂为了"掩人耳目"，对排污"乔装打扮"，从外面看不出有什么破绽，可污水却一刻不停地在流。这条路，仍行不通。

后来，有关部门转变方法，在工厂的水源处设立输入口。看起来这很匪夷所思，但事实证明这确实是个好方法。它能够有效地促使排污工厂进行自律：假如自己排出的是污水，输入的也将是污水。这样一来，那些工厂能不采取措施净化输出的污水吗？

善于变换思路和方法的员工，往往不会"固守"一种思路，也不会"迷信"一种方法，他们会审时度势，拿出不同的应对方案，争取利大于弊的最好局面。

条分缕析，简化工作

工作中很多事情的解决方法其实很简单，并没有看上去那么复杂。如果把简单的问题复杂化，只会让我们离"解决"越来越远。

在美国企业界，人们最喜欢谈论艾柯卡在克莱斯勒汽车公司引进敞篷车的故事。

克莱斯勒的总裁艾柯卡有一天在底特律郊区开车时，发现旁边驶过一辆野马牌敞篷车，那正是克莱斯勒缺乏的——艾柯卡心想——一辆敞篷车。

艾柯卡回到办公室以后，马上打电话向工程部的主管询问敞篷车的生产周期。"一般来说，生产周期要 5 年。"主管回答，"不过如果赶一下，3 年内就会有第一辆敞篷车了。"

"你不懂我的意思，"艾柯卡说，"我今天就要！叫人带一辆新车到工厂去，把车顶拿掉，换一个敞篷盖上去。"

结果，艾柯卡在当天下班前就看到了那辆改装的车子。一直到周末，他都开着那辆"敞篷车"上街，而且发现看到车子的人都很喜欢。第二个星期，克莱斯勒的敞篷车就上设计图了。

我们在做任何事时，先不要把它想得过于复杂，能够运用简单思维就运用简单思维。想法太多反而会让我们"走弯路"，事情的结果也会和我们所希望的不一致。

下面是一些国内外知名的效率专家所提出的一系列最实用的简化工作的原则和方法。

（1）恪守"简单"原则，将简单观念贯穿于工作的整个过程中。

调查显示，成功企业的优秀业绩很多归因于对"简单"原则的严格遵循：熟练的上岗要求，按标准一丝不苟处理，按规定程序操作，通过简单的结构和简便快捷的规定实现目标。

（2）清楚了解工作的目标与要求，避免重复，从而减少发生错误的概率。

（3）学会拒绝别人，不让额外的要求扰乱自己的工作进度。

对比较熟识的同事或者完全不相识的人，可以直截了当地拒绝其不合理的要求；对客户或者不太熟识的人，要尽量采取间接、委婉的方法拒绝其不合理的要求。

（4）主动将工作排定优先级，可大幅度减轻工作负担。

（5）工作时心无旁骛，专心致志。

（6）过滤电子邮件，回邮精简。

有效过滤电子邮件，让自己的注意力集中在最重要的信息上，回复电子邮件内容尽量要点突出、语言简练，以节省写邮件的时间，这样也可以加大对方回应的机会。

（7）当没有沟通的机会时，不要浪费时间。

当事情完全没有沟通的机会时，就不要再在上面浪费时间和精力，要适时放弃或尝试改变思维，另想他法。

员工对待工作不要轻易说"不可能""太难"一类的话，因为这样的心态会导致畏难情绪，对问题的解决毫无益处。

19世纪30年代的欧洲大陆，一种使用方便、价格低的圆珠笔在书记员、银行职员，甚至是富商中流行起来。制笔工厂开始大量生产圆珠笔，但不久之后，圆珠笔市场严重萎缩，原因是圆珠笔前端的钢珠在长时间的书写后，因摩擦而变小，继而脱落，导致笔芯内的油漏出来，弄得满纸油渍，给书写带来了极大的不便。人们开始厌烦圆珠笔，不再使用了。

一些科学家和工厂的设计师们为了改变"笔芯漏油"这种状况，做了大量的实验。他们从圆珠笔前端的珠子入手，实验了上千种不同的材料，以求找到寿命最长的"圆珠"，最后他们找到了钻石这种材料。钻石确实很坚硬，不会漏油，但是价格太高，而且当油墨用完时，这些空笔芯怎么办？这显然不可能。

因此，圆珠笔笔芯漏油的解决问题一度搁浅。后来，一个叫马塞尔·比希的人解决了这一问题。他的成功得益于这样一个想法：既然不能延长"圆珠"的寿命，那为什么不主动控制油墨的总量呢？于是，他所做的工作只是在实验中了解一颗"钢珠"在书写中的"最大用油量"，然后将每支笔芯所装的"油"都不超过这个"最大用油量"。经过反复的试验，他发现圆珠笔在写到两万个字左右时开始漏油，于是就把油的总量控制在能写一万五六千个字的范围内。超出这个范围，笔芯内就没有油了，也就不会漏油了。马塞尔成功解决了这个大难题，方便、价廉的圆珠笔，又成了人们喜爱的书写工具。

马塞尔·比希面对"不可能"，没有轻言放弃，而是运用逆向思维，改变问题本身，使原本棘手的问题巧妙地解决，并且没有耗费过多的精力和财力。

某楼房自出租后，房主就不断接到房客的投诉。房客说，电梯上下速度太慢，等待时间太长，他们要求房主尽快更换电梯，否则他们将搬走。

已经装修一新的楼房，如果再更换电梯，成本显然太高。可如果不换，万一房子租不出去，更是损失惨重。

房主想出了一个好办法。

几天后，房主并没有更换电梯，可有关电梯的投诉再也没有接到过，剩下的空房子也很快租出去了。

原来，房主在每一层的电梯间外的墙上都安装了一面很大的穿衣镜，大家的注意力都集中在自己的仪表上，自然感觉不出电梯的上下速度是快还是慢了。

因此，面对工作中的难题时，要学会条分缕析，转换思维方式，将复杂的问题简单化，从而将其有效解决。

第三篇

团队凝聚正能量

不做“孤独英雄”

在专业化分工越来越细、竞争日益激烈的今天，靠一个人的力量是无法高效地完成工作的。毕竟，一个人的力量是有限的，而众人凝聚产生的合力远远大于一个人的力量。

团队合作是企业工作中最常见的形式，即由不同的人按照各自分工共同完成一件事情。团队合作通常能将执行的效率发挥到最大化，产生“$1+1>2$”的效果。

关于团队精神，微软公司是这样理解的：

（1）一群人同心协力，集合大家的“脑力”，共同创造一项智能财产，其产生的群体智慧远远高于个人智慧。

（2）个人的创造力源自于潜在的人类心智潜能。团队的合力就在于发掘出所有人的潜能。

（3）一群人全心全意地贡献自己的创造力，彼此鼓舞，彼此响应。

（4）在复杂的情况下，领导更像是人际互动的交响乐指挥，辅助并疏导各种微妙的人际沟通。

（5）当团队中的沟通和互动正确而健康时，这一群人的力量会产生相加相乘的效果。

一个合格的员工不仅要具备过硬的专业技术，更要具有团队合作精神，不做"孤独英雄"，否则将会在现代企业里难以立足。

王炯在一家公司做了多年电子商务，他一直都很郁闷，因为无论能力还是资历他都高人一筹，业绩也一直十分稳定，但是他就是无法得到职位上的升迁。他更不明白的是，为什么那些能力不如他的人能得到晋升，有的甚至成了他的上司。问题到底出在哪里呢？

其实，造成这种状况的一个很重要的原因是：他不喜欢与人合作。王炯平日里埋头于自己的工作，不喜欢和大家沟通交流。有同事需要他的协助时，他不是找借口拒绝就是很不情愿地参与。渐渐地，王炯显得越发冷漠清高，令人难以接近。

作为团队中的一分子，如果不主动融入团队中，总是独来独往，必定会陷入自我的"圈子"里，无法得到同事间的友情与尊重，企业自然也不会重用这样缺乏团队精神的人。

团队精神不仅是工作需要，也是一种美德。培养团队精神，不仅可以提高工作效率，还能利用团队弥补个人能力的不足，达到个人与团队共同促进、共同发展。

在团队合作中，遇到难题时，主动求助于他人，不但省时省力，能提高工作效率，同时还能将他人的经验、他人处理问题的思维与方法学到手，经过实践的锻炼转化为自己的"财富"，这个过程既是学习的过程，也是积累与提高的过程。通过这个过程，可以达到在合作中不断提高自己的工作能力与工作效率的目的。

团队合作能有效弥补个人不足。有的人擅交际，有的人擅技术，有的人擅管理，放在一个团队中，大家可以互相取长补短，共同把工作做到位。因此，保持团队精神，有效沟通，个人与团队荣辱与共，就能共同进步。

团队合作还可增强个人魅力。团队容易成功，作为团队中的一员，也能随着团队的成功而进步。当一个人的影响力在团队中越来越大时，其个人魅力值也会越来越高。

在团队制胜的时代，一个人只有把自己融入集体中，不做"孤独英雄"，才能最大程度地实现个人的价值。

团结才能共赢

工作中离不开支持，团队是人们精诚合作的平台。许多职场高手在团队工作中扬长避短，发挥自己所长，不仅拓展了人际关系，而且拓宽了业务，提高了工作效率，为自己的成功铺平了道路。

在工作中，精诚合作，互相支持，不仅能迅速完成任务，而且能提高个人的人格魅力，获得更多的机会。所以，团结互信是工作中的必修课。

1. 你信任他人，他人才对你忠实。——爱默生语

人在职场，"信任"的威力是巨大的。信任是一种动力，赋予他人信任不仅是对他人能力的肯定，也是对他人人格上的尊重。

领导要想让自己的员工为企业更好地服务，最好的方式是取得员工的信任。若员工信任自己的领导，工作起来就会尽心尽力。人与人之间的关系无论是在生活上，还是在工作上，都是建立在相互

信任的基础之上的，信任能够为你架起成功的"阶梯"。

2. 信任多数人，不伤害任何人，爱所有人。——莎士比亚语

团结能够团结的人，对他人尽量包容，这是拉近人与人之间的距离、消除隔阂的最好方法。

一个团队必须做到目标一致，行动一致，步调一致，不树敌，不害他人，互相信任。

3. 鼓励自己的最好方法，就是鼓励别人。——马克·吐温语

懂得欣赏你周围的人，即使是那些对你怀有敌意的人。每个人都有自己的优点，所谓"三人行，必有我师"。多学习他人的优点，可以弥补自己的不足。

鼓励是最好的赞美，鼓励能够产生比"信任""真诚"更直接的力量。鼓励意味着一个人对另一个人的关爱和肯定。鼓励他人也可以成就自己。

把"谢谢"常挂嘴边，"机会"就会站在你身边。

在团队中，基本的礼貌不可缺少。得到他人帮助或者受人恩惠时，"谢谢"两字要常挂在嘴边，这两字能给人留下谦虚懂礼的好印象，同时也能提升个人魅力，增强自身的亲和力，为自己赢得更多的机会。

（1）"谢谢"声中有先机。

某著名连锁酒店在一所旅游学校举行了一次大型招聘活动，一个来自湖南的女孩应聘成功，进入该酒店从事管理工作。

女孩名叫张珊，大学期间学的是酒店管理。进入职场之前，她自报学习班学习了几个月的礼仪。她深刻地记得老师对学员们的嘱咐："保持微笑，对客人对同事常说'谢谢'！"

踏上工作岗位后，张珊的职责是负责酒店卫生的检查和监督管理，所以她时常和那些酒店清洁员打交道。由于酒店清洁工作十分繁琐，也十分劳累，所以一天下来，清洁员们常常疲惫不堪、牢骚满腹。张珊认为，作为一个管理者，不应高高在上，而应该拉近与他们之间的距离，给予他们更多的理解和鼓励。所以每当工作结束的时候，她都会向清洁员亲切地说一声："谢谢！"简简单单的两个字温暖了清洁员们的心。清洁员们常说："张珊这女孩不错，年底选先进，我要投她一票！"

年底评选，张珊果然被评为"先进员工"，当她得知自己的票有许多都是清洁员们所投时，她再一次向他们说了声"谢谢"！

"谢谢"帮助张珊占了先机，不久，她就被酒店列入重点培养对象，为将来更好的职业发展前景铺平了道路。

不要小看"谢谢"的力量，一声"谢谢"中往往包含着真诚与感激、希望与机遇。

（2）说声"谢谢"有利于团队和谐。

心理学研究发现：说声"谢谢"能让被感谢之人心理愉悦，从而增进双方之间的关系。有人在对某公司 1100 名职工做出调查后发现：懂礼貌、常说"谢谢"的员工给人留下的印象最为深刻。

时常把"谢谢"挂在嘴边，在增进人际关系的同时，还能提高工作效率，促进团队和谐。这是一种共赢。每个企业都喜欢懂礼貌、讲感恩的员工。

（3）"谢谢"体现一个人的优秀品德。

受人帮助说声"谢谢"；受人恩惠说声"谢谢"；合作愉快说声"谢谢"……"谢谢"体现出一个人的优秀美德。心怀感恩之心的人一定将"谢谢"两字常挂嘴边。

"谢谢"传递出的是一种温暖，一种感恩，一种做人的美好品质。人只有懂得感恩，才能懂得珍惜；只有懂得珍惜，才会更加在乎身边的人和自己的工作。珍惜、热爱自己工作的人更容易获得成功。

"宽容" 是团队凝聚力的 "助推剂"

现在的职场强调团队合作。因此，要求每一个员工都能够讲"君子"风范，以宽容的气度容纳他人，和其他成员和谐相处，相互支持，共同进步。

做人要大度。大家在一起工作，时间久了，难免会产生矛盾和摩擦。如果能大度一点，在保留自己观点的同时，虚心听取他人的意见，不但不伤感情，也不会影响工作，何乐而不为？

有容人之量，就是能够听取、容纳他人的意见、观点和看法，正确的接受，错误的包容，不心存芥蒂。正确处理矛盾的方法之一，就是敞开心胸，以宽容之心对待自己、同事、朋友，甚至对手。

张珊和徐露露是公关公司的两名经理，两人各有长处，工作能力都很强，都是公司的重点培养对象。

徐露露头脑更灵活、思维更活跃。年底总结大会上，徐露露提出了一个新的工作方案，思维十分超前，也非常具有可行性，公司领导给予了很高的评价。张珊是个相对传统的女孩，她的工作方案观点稳妥，但也相对保守。经过一番讨论，公司采用了徐露露的方案，把张珊的作为备用方案。公司实施徐露露的方案后收到了很好的效果，公关风险也降低了不少。

一次，公司接了一笔大单，为了保险起见，公司领导让所有的部门参与这个公关项目。此时，徐露露很需要一个像张珊这样工作能力强、态度认真的搭档。但是，由于两个人之间存在竞争关系，徐露露对张珊有些心存芥蒂，硬是将张珊排除在计划之外，所有的工作由自己独立承担。

作为团体公关项目，一个人的力量是有限的，徐露露很难按公司的要求保质保量地完成任务。后来，张珊主动找徐露露谈心："我们虽然是竞争对手，但是作为一个团队，应该以大局为重！"张珊的一番话让徐露露有些惭愧，徐露露走出了"心理误区"，两个人关系好转。

张珊和徐露露联手后，工作效率明显提高，工作质量也大有进步。第二年的总结大会上，徐露露在宣读个人总结时真诚地说，自己最大的收获是意识到团队的力量。

斤斤计较不能成事，只能败事，心存芥蒂只能反映出一个人的心胸狭隘。放下内心的芥蒂，多一些包容和沟通，才能最终取得成功。

心存芥蒂者常常因"芥蒂"而伤了自身；心怀宽广者，常常因宽容而受益无穷。工作需要积极的员工、健康的员工、胸怀宽广的员工，一个懂得包容的员工才更能赢得同事的认可和赞赏。

有人说：一个人的成功不在于他能够拥有多少，而在于他是否懂得宽容与谅解！"宽容"是一种美德。放下心中的"芥蒂"，放下个人的"恩怨"，积极沟通，互谅互让，互帮互学，增强团队凝聚力，成功就会很快来临。

人要有"底线"

在生活中，人们常以"墙头草"来形象地比喻那些立场不稳、左右摇摆之人："墙头草"，两边摇，哪边势强哪边倒。在职场中，不乏随风而倒的"墙头草"，甚至可以说，"墙头草"这种行为已经成为某些人的职场生存态度和生存技巧。

1. 职场中"墙头草"的典型表现

（1）人云亦云。

没有自己的观点，永远只是附和他人的意见。他们或者是为了某种利益而将自己的真实想法隐藏起来，以避免生存危机；或者是根本就没有自己的想法，整天人云亦云。

（2）见风使舵。

遇到纷争时，哪边"势力"大就倒向哪一边，一旦一方失势，又马上倒向另一边。趋炎附势、见风使舵是他们的常态。

（3）"变脸"游戏。

平时勾肩搭背、称兄道弟，出了问题立刻与对方划清界限，翻脸如翻书，常做为利忘义之事。在他们心中，利益远大于友情，不会对他人付出真心。

2. 做"墙头草"的不良后果

做棵"墙头草"，可能暂时会获得一些"实惠"，拥有一时的"风光"。但从长远来看，吞下"苦果"的也一定是他们自己。因为：

（1）他们很难取信于人，在团队中"东摇西摆"，极易动摇团队精神；

（2）他们容易变成团队斗争的"牺牲品"；

（3）他们经常遭遇职场生存危机；

（4）领导一般不会将他们视为骨干力量，所以他们很难被重用；

（5）关键时刻无人为他们说话，替他们分担。

3. 如何避免自身"墙头草"行为

虽然人们主观上拒绝"墙头草"的行为方式，但有时难免或多或少会出现"墙头草"的倾向。这是因为人们自身对利益判断与选择的能力不足。

著名的"手表定律"告诉我们这样一个概念：只有一只手表的时候，我们可以知道时间；如果有两只或更多的手表，我们反而不能确定是几点了。

身处价值观多元化的当今社会，如果我们自己没有一种坚定、一以贯之的原则来判断、分辨、选择的话，我们就会无所适从，就会左右摇摆。所以我们要做的是：找准一只"手表"，把它作为自己的唯一标准，一以贯之。

在职场中，要有明确的立场和观点，要用自己坚持的原则和标准来衡量事情的是非黑白，如此便不会轻易受他人观点的影响，从而形成自己的判断与选择。

4. 赢得广泛信任，在职场竞争中站稳脚跟

在职场中立足，一个"信"字千斤重，"信"是做人做事最基本的准则。

"墙头草"由于立场不坚定，容易趋炎附势，可能会暂时获得领导的信任。但是当"墙头草"们一次次背叛"去势"者，下一任领导还会信任他们吗？当"墙头草"们因利忘义不断出卖朋友，倒向利益集团时，还会有人与之相交吗？当"墙头草"们今天当你面说你好、明天当他面说你坏，还会有人拿他的话当真吗？可以想见，长此以往，他们定会被大多数人所鄙弃，他们的职场生涯也定会以"灰色"落幕。

恪守信用的好名誉是长期积累的结果，取信于人是十分关键的因素。在工作中，要讲求诚信，赢得广泛信任，只有这样，才能在激烈的职场竞争中站稳脚跟。

专注事业，眼光放长远

在团队中，做事与做人并不矛盾。

简单做人，低调做事，即使面临竞争，也应以集体利益为重，眼光放长远。

那么，怎样才是简单做人、低调做事、眼光放长远呢？

（1）拒绝内耗。

内耗是一件害人害己的事。对于个人而言，内耗不但消耗人的精力，导致工作效率降低，还会使人内心失衡。一个内心失衡的人，严重影响其个人的工作发展。对于集体而言，内耗会极大地破坏团队的团结。所以，如果你想成为一名让企业信任的员工，就要"洁身自好"，简单做人，低调做事，眼光看长远，拒绝任何内耗等恶性竞争。

（2）低调做人。

俗话说：做事低调，做人也要低调。这样不但会使人与周围人的关系更加融洽，还会给个人增加"印象分"。低调做人是一个人成熟的标志，是为人处世的一种基本素质，也是一个人成就大业的基础。

（3）不占小"便宜"。

从长远的眼光看，一个目光长远的人不会斤斤计较，不会在意眼前利益。他们以大局为重，从大处着眼，不与人相争，不与事较真，全力以赴努力工作。

小"便宜"只能让人得到一时的实惠，做大事的人万万不能被眼前的小利益"拖住"。小"便宜"不能让人持久高效地工作，而高效执行者眼光长远，能够专注持久地工作，他们所取得的成绩也非爱占小"便宜"者所能比拟。

"补台"，不"拆台"

据调查，工作中最让人厌烦的三种行为是：推卸责任、打小报告、背后"拆台"。背后"拆台"产生的原因就是私心私利在"作祟"。

小王是某软件公司的程序员。公司正在开发一种财务管理的应用软件，小王负责部分软件程序的编写工作。与小王一起编写程序的小孙年龄虽小，但编写程序的水平远远高于小王，这令小王有些嫉妒。

在一次酒会上，小孙很是风光，显得"星光熠熠"，而小王却显得十分落寞。小王的内心更加失衡，他暗暗做了一个决定：找个时机报复一下小孙。

于是，有一天，小王将小孙编写好的程序随意做了一些改动，结果不但毁掉了小孙的劳动成果，甚至差点毁掉公司开发的财务管理软件。事后经过调查，管理层发现小王在程序上做了手脚，不但将他开除，还差点把他送上法庭。

"拆台"是一种自私而愚蠢的行为，顾全大局、相互提携才是团队制胜的"法宝"。"拆台"拆去的不仅仅是他人的利益，更是自己安身立命的基础。所以，不管是为人还是为己着想，都要学会"补台"，不要"拆台"。

（1）"补台"是"友善"的情感表达。

在工作中，难免出现尴尬之事，在他人尴尬的时候及时挺身而出帮其"圆场"，此时的"补台"就是一种"雪中送炭"，是"友善"的情感表达。如果你这么做了，不仅能够提高你的魅力值，而且"赠人玫瑰，手留余香"，会使你的人际关系变得更加和谐。

某公司召开一年一度的业务洽谈会，公司的重要客户基本上都到了。主管致完简短开幕辞后，由几家重要客户代表发言。

某客户代表拿着发言稿发言时，误把公司名称中的"烨"念成了"华"，引起场下一片哗然。此时公司的业务员小王灵机一动，主动举手站起来报告："不好意思，是我的问题，传真上我写错了公司名字！"主管不但没黑脸，反而心照不宣地配合了一下："以后认真一点，不要再出错！"

洽谈会结束后，该客户代表向小王和主管表达了真诚的谢意，并且第一时间签订了合同。几周后，主管把善于"补台"的小王提拔为自己的副手。

（2）"补台"是给他人"搭台阶"，更是为自己"留后路"。

人在需要"补台"的时候，一定是遇到难处需要帮助的时候。此时伸出你的援助之手，为其"架梯补台"，使其感受到温暖与力量的同时，你也赢得了他人的感激与尊敬。以后当你自己陷入困境的时候，也同样能得到他人的帮助，所以说，帮人就是帮己。

（3）"补台"是维护集体利益。

团队是组织意义上的利益共同体，只有互相合作才能规避风险。而个体间通过相互合作将利益最大化，实现共同的目标。"补台"是团队中良好关系的"催化剂"，如果合作中人人都能"补台"，就不会有斤斤计较，不会有孤立无援，自然就会形成"优势互补、相互促进"的良好局面。

"补台"是一种以大局为重的责任感，是一种充满友爱的善举。每一个职场人都应具有"补台"不"拆台"的意识，以促进个人和团队的共同发展。

"强强联合"的智慧

许多人认为，竞争对手就是"敌人"，与"敌人"握手言和，是不可能的，于是他们一味打压对手，意图把对方打败，从而获得成功。实际上，真正赢得成功的方式是：强强联合！与竞争对手交朋友，学习其优势，取长补短，才是一种充满智慧的选择。

徐辉是企业一个部门的主管领导，许多人都很羡慕他的职位，想通过自己的能力取而代之。

公司里有一个年轻人名叫赵文华，名校毕业。他是一个十分上进的人，自从来到公司后，立即成为公司里的"明星"。他与徐辉同属一个部门，是徐辉的下属。

赵文华年纪不大，但做事沉稳、大方，显得很是老练，被办公室里的人称为"老赵"。徐辉只比赵文华大几岁，很多人都认为赵文华再干几年，就能取代徐辉。徐辉也实实在在地感受到了压力。两个人虽然不在同一起跑线上，但是想问题总能想到一块去。虽然两个人有着竞争关系，但是都把彼此当作"镜子"看待。赵文华最佩服徐辉的身居高位而不耻下问的精神，而徐辉也对赵文华的沉稳大气赞赏有加。

把竞争对手当镜子，既不"跌身份"，又能从对方身上学到东西，赵文华把徐辉当成领导，也当成了自己工作上的"标杆"。他一方面向徐辉"取经"，一方面努力做好工作。后来高层打算在徐辉的部门里提一个助理，徐辉毫不犹豫地向领导推荐了赵文华这个潜在的"竞争对手"。他说："尊重你的对手就是尊重你自己，向竞争对手学习，不仅需要胆量，更是一种智慧！"

（1）向竞争对手学习是一种智慧。

许多人的成功来自于竞争对手的压力，因为压力可以转化为动力。人若没有竞争对手，有时就会失去动力。所以，向竞争对手学习，是一种促使自己上进的方法。"金无足赤，人无完人"，竞争对手一定有比你强的地方。如何从竞争对手身上学到长处，最好的办法就是与他成为朋友！

小张和小王在某公司同时负责销售工作，他们团队的业绩直接影响着公司经营的好坏。也就是说，小张和小王既是竞争对手，又是团队中不可或缺的一员。

在竞争关系中，"强强联合"是一种最好的合作模式。小张和小王都明白这个道理。于是，他们联起手来，相互学习，共同分享有限的市场资源。在两个人的共同努力下，团队的销售额一天比一天高。工作业绩上的突出表现也为他们带来了实际的收益，达到了双赢的目的。

（2）与竞争对手交朋友是一种做人的境界。

有这样一句名言：一匹马如果没有另一匹马紧紧追赶并要超过它，就永远不会疾驰飞奔。其实竞争对手更像是"陪练"，没有竞争对手，可能就没有一个人的成功。

与竞争对手交朋友，须达到一定的人生境界。一个人倘若能够与自己的竞争对手友好相处，这个人一定是个胸怀广阔的人。善待自己的竞争对手，与竞争对手真诚交往，以博大的胸怀包容一切，成功就在不远处。

打造个人独特的魅力

有位名人曾说："一个人有魅力就有一种能使人开颜、消怒，并且悦人、迷人的神秘品质。它不像水龙头那样随开随关，突然迸发。它像一根根丝线巧妙地编织在人的性格里，闪闪发亮，光明灿烂。"

魅力是人自然流露出来的东西，能够帮助一个人得到更多关注，从而引发"连锁效应"。魅力不仅仅是一种吸引力，更是一种无形的资本。在生活、工作中，魅力发挥着重要的作用。那么，如何打造属于自己的独特魅力呢？

（1）礼乐他人，热情待人。

一个人是否拥有迷人的魅力，能否礼乐他人是很重要的。在职场中，礼乐他人，热情待人，不仅仅是一种修养、一种品质，更是一种获得成功的"制胜武器"。

汉克大学毕业后来到一家电信公司从事电网设备维修工作。"维修"是最没有"光环"的工作，但是汉克成了这家公司的"明星"。

他"成名"的原因在于：礼乐他人！在他看来，工作需要一个人倾注

热情，而这种热情则须在工作交流中体现出来。

"嗨，老科勒，最近有什么烦心事吗？我刚学会了一道韩国菜，

这道菜简直棒极了……不信你来我家尝一尝！"汉克维修完后，对老

科勒说。

汉克总会与人热情地打招呼、聊天，他总能"捕捉"到他人的不

快，然后用幽默的语言帮助他人缓解压力。不管是碰到年轻人，还是

比他年长的前辈，他都能礼貌对待，让人感受到温暖和关怀。

（2）装扮得体，注重仪表。

得体的装扮不仅吸引人，而且是一种提升个人魅力的手段。

得体的装扮不仅是一种尊重他人的方式，更是一种尊重个人工作的

表现。

马苏是一名成功的职业女性，对于仪表装扮她说出了这样的感

受："我觉得一个女性想要在职场上获得更多的机会，应该做足仪表

功课，得体的装扮是职场成功的催化剂。把自己打扮得既庄重，又不

失个人特点，会给人留下鲜明的印象。而且一旦遇到拥有相同品味的

上司或者客户，既会提高个人魅力，又能拉近彼此的关系，对工作也

会有很好的帮助。"

（3）拥有渊博的学识。

人的魅力的散发，除了靠礼仪，靠装扮，还要靠渊博的学识。一个人一旦拥有了渊博的学识，也就拥有了"杀伤力"很强的职场"武器"。用知识"武装"自己，用智慧丰富自己，渊博的学识不仅能够打通职场的"死胡同"，还能大幅度地提升个人魅力。

当然，打造个人独特魅力的方式还有许多。比如，做人讲原则、做事果断、办事效率高等，都是打造个人独特魅力的方式。人一定要拥有个人的独特魅力，这样才能提高"气场"、凝聚"人气"，为自己赢得更多的机会。

遇到问题时多与上司沟通

在团队中，除了摆正自己的位置，和同事和谐相处，还要尊重自己的上司，维护上司的威信，遇到问题多向上司请示，多与上司沟通。

在企业中，有些员工能力很强，而且自认为办事牢靠，从不"惊动"上司，这样做其实是不对的，因为这些员工的"自我"，很有可能贯彻的根本就不是上司的意图。

（1）与上司沟通好处多。

潘强是个能力很强的人，为人耿直，工作上从不拖泥带水，办事干脆利落。潘强的对桌是个年龄比他略大的女孩，叫罗琳，来得比他晚，性格很随和。他们都从事市场公关工作，只是负责的区域不同。潘强不怕吃苦，他自认为很能领悟上司的意图，于是只要接受了任务，就"冲锋"在前，不向上司请示汇报工作。罗琳时常请示上司：

什么事情该怎样办，或请上司出主意。有人甚至觉得，罗琳是个没有

主见的人。

但是后来，罗琳竟然成了潘强的上级。原因在于：罗琳擅长与上

司沟通，听取上司的意见；潘强则习惯按照自己的意志工作，主观性

太强。

多向上司请示，多与上司沟通，从上司那里得到支持和建议，在

尊重上司的同时，也能给上司留下反思或发挥的空间。

有事多请示上司，多与上司沟通，并非显得自己"无主见"，而

是更彰显一个人的处事能力。

（2）工作情况多汇报。

上司之所以能够成为上司，肯定有其高明的地方。作为下属，时

常向上司汇报工作是明智之举。

在通常情况下，上级领导下级，不管你是个实力多么强的人，身

处下级位置，就要服从上级的指令。想要尽可能顺利完成工作，首先

要明确上司意图，尤其在某些项目的实施建设方面，要及时反馈信

息，供上司做出决策，这也是一种对工作负责的行为。

人们常说下级要有"追随"意识，即让自己的上司多了解工作进

度，以及工作的完成情况。完成的工作的结果要汇报；未完成的工作的进度要汇报；在工作中出现的问题更要汇报。在工作中要争取做到不"欺上瞒下"，让上司在决策中处于首要地位。

徐丹是老板的助理。她的工作一是帮老板处理内务，二是向老板汇报各个部门的工作。徐丹一直把请示汇报工作放在首位。

徐丹说："能够当老板的人，都不是简单的人！"此话的意思是：能够成为老板定有其过人之处。只要摆正自己的位置，认清自己的角色，多跟老板沟通汇报工作，做事就不容易出错了。

向上司多请示汇报，一定程度上会降低工作失误的概率，还会得到上司的支持和帮助。

"多请示多汇报"是员工与上司最好的沟通方式。员工如果懂得了"多请示多汇报"的内涵，其职场之路定会走得更加顺畅。

放下"傲慢"，真诚待人

"傲慢"是一种自高自大、目空一切的态度，其最大的特点是：对他人不尊重，瞧不起他人。"傲慢"是不为一般人所接受的一种消极态度，是一种认知障碍。

苏格拉底说：傲慢是无知的产物。

邓拓说：越是没有本领的人就越自命不凡。

卡内基说：傲慢的人不会成长，因为，他不会喜欢严正的忠告。

巴尔扎克说：傲慢是一种得不到支持的尊严。

工作中傲慢待人，不仅得不到尊重，而且会影响自我发展。

有一个女孩，由于家境良好，又是名校毕业，所以她在刚刚进入职场时就表现出一种"高人一头"的气势，在待人接物时总是显得很傲慢。她总觉得，目前这份工作与自己理想中的事业相差甚远，团队中其他同事也才华平平，毫无过人之处。因此，不管走到哪里，她都有种"大和尚进小庙"的感觉，经常用一种瞧不起人的目光和口气对待自己的同事。

一次，某同事结婚，打算去九寨沟度蜜月。当其他人都在祝贺该同事时，她走过来冷冷地甩出一句："怎么不出国度蜜月？九寨沟有什么好的，我都去过六次了！"此话一出，顿时冷场。正准备去度蜜月的女同事也很生气地跟她争吵起来。

由于傲慢，她逐渐成为"孤家寡人"，最终被公司开除。

人不是独居动物，尤其是在强调团队合作的职场中，只有尊重他人，才能更好地生存与发展。上述案例中的女孩显然缺乏这种意识，最终导致自己"寸步难行"。

"傲慢"不会给人带来好的结果，只会令人厌恶，四面树敌。因为"傲慢"不仅是粗俗无知的表现，也是不成熟、愚蠢的表现。

（1）"傲慢"是一种自我认知障碍。

傲慢者往往忽视或者丧失对自身能力的衡量和判断。有的人心比天高，自命不凡，工作中处处觉得人不如己，自视甚高，不去积极寻求工作的创新与挑战，从而逐渐丧失工作的积极性，由傲慢导致懈怠，最终走向平庸。

（2）"傲慢"是一种粗俗的、不礼貌的行为。

人们常常将"傲慢"与"无礼"连用，表达对傲慢行为的一种否定。傲慢的表现是对他人的不尊重、无端蔑视或冷嘲热讽。现实中，任何一种不礼貌的行为都不会得到相应的礼貌回馈。所以，如果一个人在职场中总是用一种粗俗、无礼的态度对待他人，那么久而久之，其他的人也不会用和善、友好的眼光与态度对待他，他那这个人的职业前景一定是暗淡的。因为这样的人是团队利益的"破坏分子"，有哪一个领导愿意用这样的人呢？

（3）"傲慢"是一种缺乏自知之明的愚蠢表现。

傲慢的人只会看到他人不好的地方，从而导致以下不良后果：

①人际关系紧张。和谐的人际关系是现代职场中所必需的，许多工作都是在团队的基础上完成的，有时还需要资源共享。如果因傲慢而失去团队协作意识，工作任务自然也就无法顺利完成。

②失掉客观的分析与判断。傲慢的人往往过高估计自己的能力，导致不能客观准确地分析问题，表现在工作中就会产生处理事情武断草率、办事不牢靠等情况。

一个人，如果想获得成功，非常重要的一点就是要放低姿态，用一颗真诚的心换取他人的信任与认可。放下自己的"傲慢"，真诚待人，才会得到应有的尊重和机遇。

学会分享荣誉

分享荣誉是有团队精神的一种表现。与他人分享荣誉，亦是为下一次的成功做铺垫。俗话说：鱼儿离不开水，鸟儿离不开天空。一个人的成功同样离不开其他人的支持。

詹姆斯曾经是一名勇敢的战士，战功赫赫。他还是西点军校的一名教官，外号"魔鬼"！

这天，来了一批新兵，这批新兵有一个通病：过于自私！詹姆斯认为：军人是一个严肃的职业，想要在战场上取得胜利，就要改掉自私的毛病。于是詹姆斯决定用一种罕见的训练方式训练他们。

"又是五十公里徒步穿越……我真的受够了！"一名新兵发起牢骚。

另一个新兵也在宣泄："这把突击步枪足足有一个人重！"

许多新兵被詹姆斯"折磨"得痛苦不堪。

经过一年多的魔鬼训练，这批新兵分别被派到了各个地方各个危险角落。一个名叫阿西斯的年轻人就是其中一个，当他躲在满是弹坑的巷道里回忆过去时，他竟然笑了。后来阿西斯带领着他的分队在某巷战中取得大捷，他说："荣誉是大家拼来的，不仅仅是我阿西斯的，而是大家的！"

此时的阿西斯终于明白了当初"魔鬼"詹姆斯疯狂锻炼他们意志的初衷——同甘共苦、分享荣誉。

事实上，职场如战场，分享荣誉是"同舟共济、共渡难关"的表现，分享荣誉也是互相尊重、互相支持的表现。一个人的成功与诸多因素相关，比如团队、环境、制度等。许多人的成功依赖于一个优秀团结的团队，而与团队分享成功的喜悦，正是一种"功成名就不忘恩"的表现，一种感谢的回馈。

在生活和工作中，要做一个懂得感恩的人，懂得与他人分享荣誉与喜悦的人；不做一个自私自利、将荣誉独揽一身的人，这样只能遭到整个团队的唾弃。

沟通要有效

沟通，一定要做到有效沟通，这样才是真正意义上的沟通。有效沟通就像一门艺术，它不仅能够展示出一个人的沟通水平，也能有效促进沟通的开展，提高执行的效率。

沟通是团队协作的桥梁！人的交往离不开沟通，工作也离不开沟通，而有效的沟通可以帮助人化解危机和尴尬，是职场高手最常用的一种交际手段。

沟通是一个心理层面的问题，也就是说，沟通是人与人之间传递情感和反馈交流的过程，沟通的目的在于"达成一致"！简而言之，沟通各方其实都为同一个目的而来，而有效沟通就是提高沟通效率，缩短达成一致的时间。一般来讲，一个人在沟通中应注意控制自己的情绪，判断信息交流的准确性及对方的反应能力。比如，沟通时采用较平缓的语调、不急不怒的态度有助于让对方知无不言，而带有"火药味"的沟通，则往往使双方陷于僵持局面。

有一个谈判专家，曾是一个性格内向、不善言谈的人。当他还是一名学生的时候，他并没有表现出"沟通"的天赋，他不爱说话，甚至懒得交朋友。但是步入职场后，因为职业的原因，他必须要张嘴说话，要学会与人沟通。在与客户的沟通交流中，为避免他人反感，使每一次的交流能顺利进行，他不断改进自己的沟通方式，尝试各种情绪控制的方法，最终成为一名沟通方面的专家。他的经历也说明了：有效沟通的能力不是天生就具备的，而是需要后天刻苦的磨砺与培养的。

那么，怎样才能做到有效沟通呢？

（1）提供有效的清晰的信息。

与对方的沟通是否有效，关键在于信息本身。如果你提供了一个含糊不清的信息，就会使对方产生思维障碍；如果你提供的信息是虚假的，则会给对方造成误导。所以，提供信息一定要真实可靠、有效清晰，这样才能有利于沟通的开展。说出有效的信息，是沟通的前提。

（2）沟通要真诚。

一个人真诚与否，是决定沟通是否有效的重要因素。有些人总爱在沟通中表现出"趾高气昂""高人一等"的姿态，但这种不对等的沟通，是难以顺利进行下去的。俗话说：心诚则灵。一个人要想实现有效沟通，心诚是关键，因为态度很重要，有时甚至能够决定事态的发展。

小王做销售多年，早已经是一个"老油条"了，也有着"老油条们"的一些特征，诸如：总爱夸大事实，说话真假难辨，总希望占到便宜等等。

有一次，小王跟一个客户进行交流，他的目的是拓展一下该区域内的业务。在交流过程中，小王对那些"敏感"问题回答得不清不楚；可当牵扯到双方利益的时候，他就会突然提高嗓门，大谈特谈。后来小王跟对方"谈崩"了，双方不欢而散。

小王之所以没能沟通成功，原因在于自己不够真诚。一个真诚的人不仅要有坦诚合作的愿望，还要有敢于承担责任、履行义务的具体言语表现。正如一位谈判专家所说："既然沟通是为了合作，那么为什么不拿出自己那份合作的诚意呢？"

（3）控制情绪。

人们在沟通过程中因为意见不一致而发生争论很常见，偶尔的小争论不要紧，但激烈的争论则不仅不能将交流的双方拉回到"谈判席"上，还会令双方的分歧更加严重。

所以，人与人在沟通时，学会控制情绪很重要。要保持一个好心态，时刻控制好自己的情绪。有话好好说，这是很有道理的，因为有效沟通往往是在沟通各方都感到"愉悦"的时候进行才最为顺利。

学会适当妥协

虽说没有过不去的坎儿，但是有些"坎儿"并不太好过。那些"坎儿"倘若在你能力许可范围内，你应该奋力尝试；倘若在你能力许可范围外，那么适当妥协也许是一种正确的选择。

（1）适当妥协，不是"无能"的表现。

曾经有一群登山队员，他们在征服了海拔超过 8000 米的珠峰和希夏邦马峰以后，准备挑战海拔 7782 米的南迦巴瓦峰。

南迦巴瓦峰的高度虽然不及珠峰，但是极少被人征服。藏语中，"南迦巴瓦"的意思是"天上掉下来的石头"，或"直刺天空的长矛"，其地势极其险峻，周围的天气也总是变幻莫测。

登山队员在海拔 4850 米的地方扎营，准备第二天进行登山冲刺。

第二天天微微亮，天空中万里无云，天气非常好。队员们备好行装向海拔 6900 米的大本营前进，作为冲刺前的最后准备。路上，有人轻快地唱起歌来。

但是，天有不测风云，当他们正觉运气好的时候，南迦巴瓦突然"大发雷霆"，气温急降，下起了暴风雪。登山队的队长迅速发出指令，让队伍撤回到山下。

过了几天，登山队再一次向南迦巴瓦发起冲击。这一次队员们铆足了劲，终于成功地站在了南迦巴瓦峰的山顶上。

在无能为力的时候，登山队员们选择了妥协，而非坚持。他们选择妥协，是为了避开风险，是为了等待一个更好的时机。

有人说：不要硬碰硬，硬碰硬只会伤了自己。还有人说："适当妥协"不是一种无能的表现，而是一种成熟、正确的选择。"适当妥协"是一种"自我保护"，只有先在激烈的竞争中保全自己，才能最终成为竞争中的胜利者。

"适当妥协"是一门艺术，而"以卵击石"是很危险的做法。所以，在必须妥协时，学会适当妥协，以换来更加自由的广阔天地。

（2）留有余地，进可攻，退可守。

有句老话告诫我们：利不可赚尽，福不可享尽，势不可用尽，话不可说尽。职场之路并非一帆风顺，总会有一些意外情况发生。适当妥协，留点余地"储存"这些意外情况，"容纳"这些意外情况，为自己"搭建"一个个人生的"驿站"，如此才能进退自如，实现和谐！

在工作中，做事适可而止，给别人留余地就是给自己留退路。如果万事做"绝"，没有了回旋的余地，到头来后悔也来不及！

有这样一个寓言故事：一天，狼发现山脚下有个洞，各种动物由此通过。狼非常高兴，心想，守住洞口就可以捕获到猎物。于是，它堵上洞的另一端，等动物们来"送死"。第一天，来了一只羊，狼追上前去，羊找到一个可以逃生的小偏洞仓皇而逃。第二天，来了一只兔子，狼奋力追捕，结果，兔子从洞侧面一个更小一点的洞里逃走了。于是，气急败坏的狼找寻了大大小小的洞并全都堵上，心想，这下万无一失了。第三天，来了一只老虎，狼在山洞里窜来窜去，却由于没有出口，无法逃脱，最终被老虎吃掉了。

人际交往并不容易，因为与人打交道，会遇到各种性格的人。所以不妨多给他人留些情面，使其避免尴尬、难堪，同时也为自己留些余地。

徐欣是一名名牌大学的毕业生，她不仅学历高，而且口才很好，擅长交际应酬，很受上司的赏识。徐欣十分懂得"万事让三分"的道理，即使碰到争论，也会很婉转地表达自己的观点。每当同事提建议时，她都会聆听，而后客客气气地表述自己的观点。由于其随和的性格及"万事留有退路"的人生哲学，她在职场中的"人缘"相当好，在团队工作中，她得到了许多人的帮助，事业之路也颇为顺利。

其实，企业中像徐欣这样的案例非常多，他们的成功无疑是因为把握好了一个"度"。"度"的问题解决了，事情就简单了。

在企业中，许多人为了利益竞争而陷入无端争斗之中，他们不懂进退，一味冲锋，只管自己，不顾他人。他们的这种做法，往往不但得不到任何好处，反而会惹"祸"上身，这都是不会妥协的后果。每个企业都希望营造一个积极健康的职场环境，每个管理者也都希望自己的下属和谐相处，互让互谅。所以，学会适当妥协，"万事留有余地"，是使团队团结的又一"法宝"。

拥有自控力，学会控制自己的情绪

有一句话说得好：你无法改变别人，但你可以改变自己；你无法改变天气，但你可以改变心情。工作中免不了磕磕绊绊、各种竞争，为了在工作中高效执行，就要学会控制自己的情绪，保持一颗平常心，与自己的同事、上司和谐相处。

许多人爱感情用事，凡事凭个人的爱憎而行。"敢爱敢恨"虽然看上去很痛快、很有个性，但身在职场，这种性格却往往会影响工作效率。

工作中，许多人都曾因感情用事而做出过不理智的选择。感情用事是一种不成熟的表现，只有学会控制自己的情绪，工作中才会顺利。

小刘大学毕业后到一家上市公司从事市场营销工作。他角色转换得相当顺利，不久就为公司创造了效益，得到了公司及部门领导的一致肯定。

但后来，小刘与女友分手后，一度情绪十分失落。小刘把这种不良情绪带进了工作中，常常与同事和上司发生冲突，后来他待不下去，只好辞职。此后他又找了几份工作，最终却都因过于感情用事而遭到解雇或自动辞职。

一向自信满满的小刘不禁自问："我到底怎么了？"后来小刘找心理专家咨询，心理专家的结论是：不能控制自己的情绪。虽然小刘有很强的业务能力和专业素质，但是因感情用事，太过冲动，所以对自己的职场工作造成了不利影响。

美国心理学家曾在"情绪管理"方面做过细致的研究，研究表明：控制情绪是大多数企业对员工的一项基本要求，尤其是在管理、服务行业。所以，学会控制自己的情绪，学会自我调节，是保持良好人际关系、获得成功的重要条件。

奥古斯丁是美国一家电信公司的员工，从事了三十年电信终端销售工作，由于工作扎实、服务态度好，如今已经是一名大区域经理了。

"我们想进一步采购你们公司的电信设备。"一位客户坐在奥古斯丁的办公室里说。

"当然可以，而且我们还会继续提供安装、维护等各种服务。"

客户看到奥古斯丁办公桌下压着的大学毕业照上有一个人十分眼熟，于是问道："这个人好像在哪儿见到过？"

"他是爱德华·怀特克里！"

"就是 AT&T 的老板？"

"对！"

"为什么他能当上老板，而您仅仅是一名区域主管？"

奥古斯丁笑着说："如果我能像他那样控制自己的情绪，或许我就是 AT&T 的老板了！"

成功的人大多不会感情用事，而是遇事冷静、处事谨慎。无论遇到大事小事，他们都能控制自己的情绪，拥有很强的自控力。

控制自己的情绪，应从以下几个方面入手：

（1）转移不良情绪。

学会转移不良情绪，把不良情绪暂时转移到其他有兴趣的事情上，从而达到控制情绪的效果。比如，心情不好的时候，可以去散步、听音乐，或者看一场电影等。

（2）培养宁静致远的心态。

平日多看书，多进行有益于身心健康的锻炼，多和志趣高尚的人交流，这样能培养宁静致远的心态。

（3）换个角度看问题。

凡事都有两面性，看待世界也要一分为二。遇到令人情绪低落的事时，如果换一个角度，你就可能会重新振作起来。有人说：当一个人跌进低谷时，也正是他上升的开始。用积极的眼光看待消极面，得到的就会是积极的东西。换一个角度，对事情重新进行判断，跳出"死胡同"，可以有效地控制自己的情绪，得到精神上的"解脱"。

（4）独立思考。

学会独立思考、独立分析问题、独立判断问题，从根源上控制自己的情绪。不管遇到什么样的事情，都要先冷静分析，然后再做出理性判断。

努力在团队中成长

从心理学角度看，放任自我、我行我素是人的本性，也就是说，是人的一种本真。但团队更多的是需要拥有驾轻就熟的处事技巧与和谐的人际关系的人，需要对团队规则认同与遵从的人。

小李是一名新员工，是个直来直去的人。有一次，小李单独接待公司的新客户，该客户也是一个性子直率的人，由于彼此意见不合，最后发生了争吵。后来客户把争吵的经过告诉了小李的上司，小李不但受到了严厉的批评，还被扣发了当月的工资。

我行我素、放任自我看上去单纯直率，但其实是一种只考虑过程不考虑后果的不成熟的表现。一个人身在团队就必须顾全大局，按照情理、规则处事待人。

（1）"耍性子"是一种不成熟的表现。

动不动就"耍性子"，一切以自我为中心，是极其幼稚的。因为一个人在使性子、恣意发脾气时，难免会说"错话"、说"坏话"，或许当时一句很随意的话，就有可能招致他人不满，"祸从口出"常常就是过于"直率"的结果。

李明是一个工作积极热情、充满活力的年轻人。他非常看不惯那些懒散的人，于是直性子的他经常张口评论。虽然话不错，但过于直率的表达，甚至直接出口伤人使他得罪了不少人。后来上司多次找他谈话，让他不要太由着自己的性子来。

在团队中，不要"耍性子"，学会用一种他人较容易接受的言语表达自己的意见和态度。

（2）团队不是"操场"。

团队不同于"操场"，它不是一个可以随意"操练"的地方，而是一个有规则、有约束的场所。

工作要讲究语言艺术，既不能让他人情感上受不了，又要保持自己的真诚。比如，要控制自己的处事节奏，在处理问题及沟通时要有自控力和忍耐力。工作中，过于"有棱有角"往往会遭到他人抵触，使个人的发展磕磕绊绊。因此，要掌握语言艺术，学会在团队中成长。

牢记"合则两利，分则两败"

任何人要有所作为，就必须把自己融入团队之中，大家齐心协力，才能赢得发展。一位资深的企业培训师曾说过："成功靠别人，胜利靠团队。"这话虽然有点偏激，却凸显了团队精神在执行任务过程中的重要作用。

在团队中，要明白一个简单的道理：合则两利，分则两败。

每年在美国篮球大赛结束后，常会从各个优胜队中挑出最优秀的队员，组成一支"梦之队"赴各地比赛，以制造新一轮高潮，但结果却总是令球迷失望——胜少负多。其原因就在于这不是真正意义上的团队，虽然他们都是最顶尖的篮球选手，但是，由于他们平时分属不同球队，无法培养团队精神，因此难以形成真正有凝聚力的团队。真正的团队应该有一个共同的目标，成员之间相互依存，相互影响，目标一致，步调相同，并且能很好地合作，追求团队的成功。

一个人如果善于同别人合作，即使自己能力上有所欠缺，也可以取长补短，顺利完成任务。相反，如果一个人的能力很强，但是不注重与其他成员之间的合作，就难以保证任务顺利完成。

安妮和琼斯同在一家传媒公司的广告部工作。有一天，经理罗伯特分别交给她们一项开发大客户的任务，由于她们的任务都比较艰巨，所以在她们离开经理办公室时，罗伯特特意叮嘱她们："如果有什么需要帮忙的话可以打电话直接找我，同时要注意和其他部门的协调。"

安妮的业务能力一向很强，她在广告部的业绩也经常名列前茅，因此她十分骄傲。离开办公室后，安妮心想："罗伯特有什么能力，他只不过比我早到公司几年罢了，我解决不了的问题拿到他那里恐怕也没办法解决。再说了，开发大客户的任务怎么和其他部门协调，其他部门怎么懂这种事。凭我自己的能力和智慧，我一定会完成这项任务。"

琼斯一向谦虚好学，她的业务能力略逊安妮一筹，不过在团结同事和谦虚的学习精神方面就比安妮强多了。走出经理办公室以后，琼斯直接到公司企划部和售后服务部和大家打了一声招呼："过几天我可能有一些问题要向大家请教，同时也需要大家的合作，我先在这里谢谢大家了。"

琼斯同时也想，安妮一向骄傲，但如果自己想要实现业务能力的提高就必须多向她学习；不到万不得已的时候不去麻烦罗伯特先生，但在客户沟通等方面自己确实需要罗伯特先生的大力相助。

这次的任务确实比以前的艰难得多，通过向安妮和罗伯特先生学习，以及公司其他部门的配合，琼斯的任务超额完成了，她为公司带来了好几笔大生意，公司也给了她优厚的奖励。

安妮也联系到了一些大客户，但因为她向企划部交代的事项不清楚，导致客户要的方案不够详细，有些客户选择了其他公司，有些客户则因为没有得到更多的服务承诺而离开了，还有一些客户觉得安妮的公司不够重视他们，因为他们从来没有见过更高层的管理者并和他们沟通，自然安妮的任务没有完成。

上面的案例告诉我们这样一个道理：要完成一项任务就要注重和其他同事及各个部门的合作，单凭个人"单打独斗"是行不通的。

美国得克萨斯州石油大王保罗·盖蒂说："我宁可用 100 个人每人 1% 的努力来获得成功，也不要用我一个人 100% 的努力来获得成功，况且我也成功不了。"

在当今竞争激烈的时代，团队中的每个成员，若想顺利完成任务、获得成功，首先就要融入团队，了解并熟悉这个团队的一切，接受并认同这个团队的价值观念，在团队中找到自己的位置，认清自己的职责。要牢记：合则两利，分则两败。